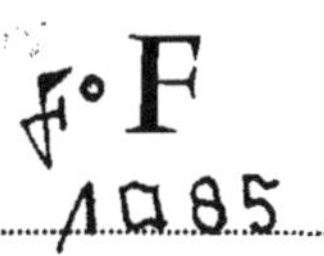

MINISTÈRE
L'INTÉRIEUR
DES CULTES

IRECTION
DE
'ASSISTANCE
et de
GIÈNE PUBLIQUES

3e BUREAU

CIRCULAIRE

RÉPUBLIQUE FRANÇAISE

Paris, le 15 décembre 1899.

LE PRÉSIDENT DU CONSEIL,

MINISTRE DE L'INTÉRIEUR ET DES CULTES,

A MONSIEUR LE PRÉFET D

L'article 8 de la loi du 7 août 1851 (1) sur les hospices et les hôpitaux contient une disposition aux termes de laquelle la commission administrative « arrête, avec l'approbation du préfet, les règlements du service tant intérieur qu'extérieur et de santé » des établissements dont la gestion lui est confiée.

Cette disposition fondamentale de l'organisation hospitalière impose à votre administration l'examen détaillé des délibérations portant constitution ou revision du règlement de chaque établissement. Vous n'ignorez pas qu'en cette matière l'appréciation de l'autorité centrale est souveraine : le Conseil d'État a mis ce point hors de doute en spécifiant, dans un arrêt du 11 mars 1887, que l'acte par lequel le préfet refuse d'approuver la modification au règlement intérieur votée par la commission des hospices, ainsi que la décision confirmative du ministre de l'intérieur, ne sauraient être soumis au Conseil d'État par la voie contentieuse.

Pour vous guider dans un examen aussi délicat, il n'existe jusqu'à présent d'autre modèle officiel que le règlement type

(1) Le texte de cette loi est reproduit à la suite de la présente circulaire (annexe X, p. 151).

remontant à 1840 (circulaire du 31 janvier 1840) auquel il est depuis longtemps imprudent de se référer sans discernement, puisque sa rédaction a précédé de plus de dix ans le vote de la loi organique relative aux hospices ou hôpitaux (loi du 7 août 1851) et de près de quarante ans celui du texte en vigueur sur le recrutement des commissions administratives (loi du 21 mai 1873 modifiée par la loi du 5 août 1879).

J'ajoute que la loi du 15 juillet 1893 sur l'assistance médicale gratuite (1), en introduisant dans notre législation le principe de l'obligation du secours hospitalier aux malades pauvres qui ne peuvent être utilement soignés à domicile, a rendu plus impérieux encore, s'il est possible, le devoir de l'administration de veiller à ce que les secours soient bien donnés, ce qui dépendra en grande partie du règlement que l'on suivra en les donnant. En outre, l'administration de l'hôpital doit tenir compte des conditions nouvelles dans lesquelles l'admission des malades pauvres a lieu en exécution de cette loi: cette raison à elle seule nécessiterait la modification de son règlement.

Cette dernière raison n'existe pas pour l'hospice, pour les vieillards et les infirmes. C'est cependant pour eux surtout que des réformes réglementaires sont utiles. J'insiste auprès de vous sur l'importance des dispositions qui les concernent. L'article 2 de la loi du 7 août 1851, par lequel fut résolue, à la suite d'un débat approfondi, la question de l'hospitalisation des invalides (2), laisse aux commissions administratives toute latitude pour organiser, sous votre seul contrôle, ce service qui a trait à une partie de

(1) Le texte de cette loi est reproduit à la suite de la présente circulaire (annexe XI, (p. 154).

(2) Un peu différentes sont les conditions d'admission des incurables proprement dits, c'est-à-dire des malades atteints d'affections inguérissables. Les articles 3 et 4 de la loi de 1851 les assimilaient aux malades curables afin de faciliter leur hospitalisation, sans cependant instituer aucune obligation légale en faveur des uns ni des autres.

l'assistance demeurée jusqu'ici facultative. Je rappelle le principe général adopté successivement par le congrès international de 1889 et par le Conseil supérieur de l'assistance publique ; il se formule comme suit: « L'assistance est due à ceux qui se trouvent, temporairement ou définitivement, dans l'impossibilité physique de pourvoir aux nécessités de la vie. » Ce principe, qui a reçu son application en ce qui concerne les malades, ne l'a pas reçue encore en ce qui concerne les vieillards et les infirmes, et vous ne pouvez pas vous substituer au législateur pour astreindre les commissions hospitalières à des règles qu'il n'a pas édictées. Mais le droit de tutelle dont vous êtes investi comporte une action éducatrice; vous avez, en conséquence, à aider de vos conseils les administrateurs du patrimoine des pauvres et plus particulièrement ceux qui ont été nommés par vous.

Vous interviendrez donc pour surveiller de près la réglementation de l'hospice. Vous faciliterez l'exécution de l'article 43 de la loi du 29 mars 1897 (1), relatif à la constitution des pensions d'assistance, en vous efforçant de faire pénétrer dans les règlements le principe que l'assistance doit être donnée à domicile toutes les fois qu'elle peut l'être utilement et que l'hospitalisation doit être étendue, autant que les ressources le permettent, à tous les cas dans lesquels l'assistance à domicile serait insuffisante ou inefficace, aussi bien pour les vieillards, les infirmes et les incurables que pour les malades et les femmes en couches.

Vous vous efforcerez aussi d'obtenir des commissions administratives qu'elles déterminent les bases du classement entre les postulants à l'hospitalisation. Il y a souvent plus de besoins que de ressources, plus de demandes que de lits. Il importe que toutes les demandes justifiées soient classées, et que, parmi les demandes classées, les admissions soient prononcées sans autre considération

---

(1) Le texte de cet article est reproduit ci-après (note de la p. 76).

que celle des besoins à secourir. Quelques prescriptions pourraient réduire la part de l'arbitraire; c'est ainsi que le règlement de l'assistance publique de Paris donne la priorité aux octogénaires et aux aveugles.

Le règlement modèle n'a d'ailleurs pas la prétention de ramener à l'uniformité toutes les réglementations particulières. Cette manière de voir, qui a pu être suggérée par d'anciennes instructions ministérielles, serait en contradiction avec l'esprit qui anime l'administration actuelle. Celle-ci s'en est expliquée dans la circulaire du 18 mai 1894, en déclarant « qu'il serait dangereux d'assujettir les œuvres de l'assistance publique à un cadre et à des procédés uniformes ». Ce qui était dit alors touchant l'organisation de l'assistance médicale gratuite s'applique à l'organisation des établissements hospitaliers, auxquels le législateur a conféré une large autonomie, afin précisément de respecter, dans toute la mesure du possible, les traditions et les habitudes locales.

Ces traditions cessent d'être respectables lorsqu'elles sont contraires à la loi ou à des convenances élémentaires. Il semble que le fait n'eût jamais dû se produire. J'ai cependant eu parfois le regret de constater la résistance de commissions administratives à rompre avec des coutumes aussi illégales qu'injustifiables, aussi barbares que surannées; telle l'exclusion des accouchements, ou de certaines maladies, du bénéfice de l'assistance hospitalière. Des scandales de cette nature ont été relevés à plusieurs reprises par l'inspection générale; pour être assuré qu'ils ne se perpétueront nulle part sous le couvert d'un texte réglementaire, je vous prie d'engager les diverses commissions hospitalières de votre département à procéder, dans un délai déterminé, à la revision de leur règlement et d'inviter celles qui ne posséderaient aucun règlement, ou qui n'en posséderaient pas un en harmonie avec la législation actuelle, à vous présenter prochainement une rédaction se rapprochant autant que possible de celui que le Conseil supérieur a arrêté et que vous trouverez ci-après (1).

Dans l'étude de ces documents, vous apporterez une attention particulière aux articles qui règlent les pouvoirs de l'administrateur de service. Vous saisirez l'importance de la question en considérant qu'entre autres attributions que la fonction comporte figure l'admission des malades prescrite par l'article 1er de la loi du 7 août 1851. L'expérience a fait ressortir les difficultés qui peuvent se produire, sur ce point notamment, lorsque les pouvoirs de l'administrateur de service ont été définis d'une manière imparfaite.

Vous trouverez ci-après la suite des articles du nouveau règlement modèle accompagnés chacun de son commentaire. Ce règlement a fait l'objet de travaux préparatoires; leur publication forme le fascicule N°63 des actes du Conseil supérieur de l'assistance publique, où se trouvent reproduits in extenso *le rapport présenté au Conseil par M. Drouineau au nom de la deuxième section et la délibération de l'assemblée générale qui a abouti à l'adoption du règlement (session de mars 1898). La raison des modifications de détail que j'ai cru devoir apporter à un très petit nombre d'articles est expliquée dans le commentaire. J'ai placé à la fin des présentes instructions une table qui en facilite la consultation.*

Je vous signale l'intérêt qui s'attache au choix des termes employés pour désigner les établissements hospitaliers. Des dispositions du règlement modèle sont applicables à tous les établissements sans distinction; d'autres sont, les unes exclusivement applicables aux hôpitaux, les autres exclusivement applicables aux hospices.

Les hôpitaux sont les établissements dans lesquels sont reçus et traités les malades et les femmes en couches.

---

(1) L'obligation pour chaque établissement hospitalier d'avoir un règlement intérieur figurait déjà dans l'ordonnance royale du 31 octobre 1821.

Les hospices sont les établissements dans lesquels sont admis et entretenus les vieillards, les incurables (malades ou infirmes) et les enfants assistés (pupilles de l'assistance départementale ou enfants pauvres admis au compte de l'établissement).

Lorsque le même établissement contient à la fois des hospitalisés appartenant à chacune de ces deux catégories, on doit le désigner sous la double dénomination d'hôpital-hospice et les règles tracées dans le règlement modèle lui sont toutes applicables, dans l'une ou l'autre de ses subdivisions.

Il importe beaucoup que ces définitions soient bien connues et que les commissions administratives, se rendent compte des différences essentielles qui existent entre un service de malades et un service d'incurables, ne confondent jamais, comme on l'a fait trop souvent, le quartier hôpital avec le quartier hospice.

Les confusions de ce genre ont un double inconvénient; au point de vue administratif, elles créent le désordre et compromettent les intérêts des pauvres en empêchant d'établir comme il conviendrait le budget spécial de chaque groupe d'assistés; au point de vue médical, elles s'opposent à la séparation effective des malades et des vieillards, nuisent au traitement des uns et des autres et risquent de faire contaminer ceux-ci par ceux-là.

Il est une dernière recommandation générale que je tiens à vous faire: veillez à ce que le rôle du médecin d'hôpital ou d'hospice soit fixé d'une manière satisfaisante. Quelque compétence que possèdent les membres des commissions administratives, ils ne sauraient se passer de la collaboration du corps médical lorsqu'ils ont à rédiger en entier, ou à modifier dans chacune de ses parties, le règlement intérieur de l'établissement. Il ne suffit pas qu'ils accordent aux médecins l'initiative indispensable, afin que ceux-ci conservent leur part de responsabilité dans l'exécution des divers services, il faut qu'ils se les associent pour la réglementation de ces services; et cela, alors même qu'il se trouverait dans la commission un ou plusieurs docteurs en médecine, car ce n'est pas seulement à cause de leurs connaissances techniques que les médecins doivent être consultés par les administrateurs, mais encore parce qu'il est impossible de mettre sagement au point l'organisation hospitalière sans avoir sur son fonctionnement des renseignements pratiques que les médecins qui desservent l'établissement sont seuls en état de fournir.

J'arrive au détail des articles.

CHAPITRE PREMIER

Administration.

ARTICLE PREMIER

La commission administrative (de l'hôpital, ou de l'hospice, ou de l'hôpital-hospice) *se compose du maire, de deux membres élus par le conseil municipal et de quatre membres nommés par le préfet.*

En cas de renouvellement total les quatre derniers membres sont nommés par le ministre de l'intérieur sur la proposition du préfet.

Les fonctions de membre de la commission administrative sont gratuites (1).

NOTE (2). — *Les* hôpitaux *sont les établissements dans lesquels sont reçus et traités les malades et les femmes en couches.*

Les hospices *sont les établissements dans lesquels sont admis et entretenus les vieillards, les incurables et les enfants assistés.*

Lorsque le même établissement contient à la fois des malades et des vieillards valides ou des incurables, il est en même temps hôpital et hospice; les règles tracées dans ce règlement peuvent être appliquées dans chacune des divisions ou sections consacrées soit aux malades, soit aux vieillards. Si, au contraire, l'administration hospitalière possède plusieurs établissements, elle appliquera à chacun d'eux les règles indiquées, suivant que l'établissement sera hôpital ou hospice.

---

(1) Loi du 21 mai 1873, modifiée par la loi du 5 août 1879, articles 1 et 5. Décret du 23 mars 1852, article premier.

(2) Les notes reproduites en italique au-dessous des articles font partie du règlement modèle; le texte en a été adopté par le Conseil supérieur. Les autres notes et les renvois aux lois ou règlements sont imprimés au bas de la page.

L'article premier reproduit des dispositions législatives ou réglementaires. Ce n'est pas le lieu de les développer, ni de vous donner des instructions sur les raisons qui doivent déterminer vos choix quand vous aurez à nommer les membres des commissions. Je profite seulement de l'occasion pour vous engager à vous reporter à ma circulaire du 10 février 1896, que je reproduis à la suite de celle-ci (annexe I, p. 117), et à celle du 9 septembre 1898, par laquelle vous avez été avisé que vous pouvez nommer des femmes membres des commissions administratives (1).

Art. 2

La présidence de la commission administrative appartient de droit au maire, ou bien à l'adjoint ou conseiller municipal remplissant dans leur plénitude les fonctions de maire.

La commission nomme tous les ans (2) *un vice-président; en cas d'absence du maire et du vice-président, la présidence appartient au plus ancien des membres présents et, à défaut d'ancienneté, au plus âgé.*

Le vice-président est toujours rééligible.

Les dispositions de l'article 2 appellent la même observation générale que celle qui vient d'être présentée sous l'article premier.

Il y a lieu de remarquer que, en cas d'empêchement, le maire est remplacé dans la présidence de la commission administrative par un adjoint ou par un conseiller municipal, remplissant dans leur plénitude les fonctions de maire. L'adjoint ne pourrait suppléer le maire dans la présidence de la commission en vertu d'une délégation spéciale.

En cas d'absence du maire ou de ses représentants et du vice-président,

---

(1) La liberté de choix du préfet est absolue. Aucune disposition légale n'exige qu'il choisisse les membres à sa désignation dans la commune siège de l'établissement hospitalier. Le Conseil d'État admet même que, si le conseil municipal se refuse à nommer ses délégués, la commission administrative se trouve constituée par la nomination des quatre autres membres choisis par l'administration qui forment la majorité de la dite commission et peuvent délibérer régulièrement en l'absence du maire et des représentants de l'assemblée communale (Avis du 6 septembre 1899.). L'autorité préfectorale a ainsi une influence décisive sur le fonctionnement des établissements charitables placés sous sa tutelle, et il en résulte pour elle une responsabilité morale qui ne doit pas être perdue de vue lorsqu'elle procède à des nominations de membres nouveaux ou au renouvellement du mandat des membres en fonctions.

(2) Le règlement de 1840 disait: *choisit dans son sein un vice-président*. Le Conseil supérieur a rappelé cette précision faite par la loi du 21 mai 1873 (art. 3): *choisit tous les ans*.

l'article 3 de la loi de 1873, reproduit ci-dessus dans l'article 2 § 2, confie la présidence au plus ancien des membres présents, et, à défaut d'ancienneté, au plus âgé. D'après une décision ministérielle du 6 mai 1853, les mots «plus ancien » doivent être considérés comme désignant l'administrateur dont les pouvoirs en cours d'exercice sont de plus ancienne date et non celui qui fait partie de la commission depuis le plus longtemps. Pour ceux entre lesquels il n'y aurait pas de rang d'ancienneté, par la raison que l'exercice de leurs pouvoirs daterait du même jour, celui où la commission s'est constituée pour la première fois, ou bien celui où ils y ont été installés, c'est au plus âgé que serait déférée la présidence.

Art. 3

La commission administrative se réunit au moins tous les
de chaque (mois ou semaine).

Les jours et heures de ces réunions peuvent toujours être modifiés par délibération.

En cas d'urgence, la commission administrative peut être convoquée extraordinairement par son président ou par son vice-président.

La commission ne peut délibérer qu'à la majorité des membres qui la composent.

Le président de la séance a voix prépondérante en cas de partage.

Cet article donne plus de netteté aux prescriptions de l'article 3 du règlement de 1840. Je ne reviens pas sur les devoirs de MM. les commissaires ; je renvoie à cet égard à la circulaire du 10 février 1896.

Les réunions ordinaires de la commission auront lieu à dates fixes.

Les réunions extraordinaires se tiendront lorsque des circonstances particulières les rendront utiles et que la prochaine réunion ordinaire serait trop éloignée. Ces circonstances se produisant, si le président se refuse à convoquer la réunion extraordinaire, le vice-président peut se substituer à lui pour faire cette convocation. Si le vice-président refusait à son tour, et que néanmoins vous jugiez la convocation nécessaire, vous trouveriez dans l'article 85 de la loi du 5 avril 1884 le moyen de vaincre ces résistances (1). Il est peu probable que vous ayiez souvent à y faire appel.

---

(1) Loi du 5 avril 1884, article 85 : *Dans le cas où le maire refuserait ou négligerait de faire un des actes qui lui sont prescrits par la loi, le préfet peut, après l'en avoir requis, y procéder d'office par lui-même ou par un délégué spécial.*

Par décision du 2 août 1889, le Conseil d'État, statuant au contentieux, a décidé que l'article 50 de la loi du 5 avril 1884 n'est pas applicable aux délibérations des commissions administratives. Pour celles-ci, on ne peut donc pas, au moyen de convocations successives, s'affranchir de la condition que la délibération soit prise à la majorité des membres qui composent la commission au moment où intervient la délibération.

Les réunions de la commission administrative auront lieu, soit dans l'établissement hospitalier, soit à la mairie. Il est préférable qu'elles aient lieu dans l'établissement; ce sera une occasion pour les administrateurs de témoigner par leur présence l'intérêt qu'ils portent aux divers services ; les hospitalisés aussi bien que le personnel desservant les trouveront plus accessibles à leurs requêtes, et eux-mêmes en retireront l'avantage d'avoir sous la main tous les documents susceptibles d'éclairer leurs délibérations, c'est-à-dire les plan et archives de l'hôpital ou de l'hospice, ses registres en cours et une bibliothèque contenant les livres que tout établissement doit posséder sur la législation et sur la pratique hospitalières.

Pour le classement des archives, vous pourrez signaler aux commissions l'exemple donné par celle de Narbonne, dont le classement méthodique est reproduit tout au long dans le traité de M. Cros-Mayrevieille (1).

En ce qui concerne la bibliothèque, vous leur représenterez qu'elles peuvent se procurer sans frais certaines publications administratives où elles puiseront de précieux renseignements, par exemple, les fascicules non épuisés des *Actes du Conseil supérieur de l'assistance publique*, mais que les établissements un peu importants ne sauraient se dispenser de faire l'acquisition d'ouvrages spéciaux, et qu'il convient qu'ils se tiennent au courant de la matière charitable en s'abonnant à une au moins des revues qui suivent le mouvement des questions d'assistance, de bienfaisance, de philanthropie.

La salle des délibérations doit être meublée avec simplicité. Là, comme dans tout le reste de l'établissement, la décoration intérieure ne doit pas faire perdre l'impression qu'on est dans la maison des pauvres. J'approuve fort les commissions administratives qui, pour tout luxe dans leur salle de réunion, ont les images des fondateurs et des bienfaiteurs de l'établissement. On ne saurait assigner à ces souvenirs une place d'honneur mieux choisie. C'est là aussi que semblent devoir être réunis les objets d'art qui ont été légués à certains établissements et qu'on rencontre parfois disséminés dans les salles des malades, ce qui est, en général, contraire aux règles de l'hygiène.

(1) *Traité de l'administration hospitalière*, in-8°, Paul Dupont, 1888, p. 156 (2° édition).

Bien que les délibérations ne soient pas publiques, il est bon que leur date soit annoncée par voie d'affiches à l'intérieur de l'établissement. Cette publicité est de nature à stimuler heureusement le zèle des commissaires et elle permettra aux personnes qui auraient à leur soumettre des réclamations de les présenter en temps utile. Les réunions ordinaires se trouveront naturellement indiquées par l'affichage permanent du présent article, et l'on jugera sans doute à propos de signaler de même les réunions extraordinaires, sans d'ailleurs mentionner sur l'affiche l'ordre du jour de la réunion.

Art. 4

La commission choisit chaque année dans son sein un ordonnateur chargé de la signature de tous les mandats à délivrer pour l'acquittement des dépenses.

La surveillance de la comptabilité du receveur et celle de la comptabilité de l'économe incombent plus particulièrement à l'ordonnateur.

Le choix pour les fonctions d'ordonnateur peut se porter sur tout administrateur, sans excepter le maire qui, pour être membre de droit, n'en est pas moins administrateur; mais, d'ordinaire, on préférera un membre pouvant disposer de plus de temps au profit de l'administration hospitalière et d'ailleurs familiarisé, par ses occupations passées ou présentes, avec les règles de la comptabilité.

L'ordonnateur doit être choisi chaque année et pour le cours d'une année entière. La Cour des comptes a souvent relevé des infractions à cette règle dont l'objet est d'assurer l'esprit de suite dans les opérations financières et d'empêcher la responsabilité de se disperser. Si, au cours de l'année, l'ordonnateur désigné se trouve empêché, la commission administrative lui donne un suppléant ou un successeur par une délibération motivée.

Il est du reste désirable que le mandat soit renouvelé à la même personne aussi longtemps que possible; il repose ainsi en des mains de plus en plus expérimentées et les intérêts hospitaliers en tirent un grand profit.

Le nouveau règlement précise que l'ordonnateur aura la surveillance de la comptabilité, non seulement du receveur, mais aussi de l'économe. Cette partie de sa tâche n'est point la moins délicate ni la moins importante; elle devra être l'objet d'une exacte vigilance. Un règlement spécial sur la comptabilité des économes, qui a été délibéré par le Conseil supérieur de l'assistance publique et vous a été adressé à la date du 15 septembre 1899, guidera l'ordonnateur.

La commission administrative aurait souvent avantage à réunir dans les mêmes mains les fonctions d'ordonnateur et celles d'administrateur de service (art. 5); rien ne s'oppose à ce qu'elle en décide ainsi. Il n'y a en effet aucune incompatibilité entre la qualité d'administrateur et celle d'ordonnateur; les ministres d'État aussi bien que les maires ont la responsabilité à la fois de leur administration et de l'ordonnancement des dépenses qui s'y réfèrent; en concentrant les deux attributions, non seulement on préviendra des conflits possibles, mais on donnera de l'unité et par conséquent de la force à la direction du service. Ceci d'ailleurs ne sera pas une innovation dans tous les établissements; des règlements hospitaliers relativement anciens ont sagement assigné à l'ordonnateur de larges attributions de surveillance (1).

Art. 5

Un administrateur de service, désigné par la commission, surveille et assure quotidiennement la marche des différents services. Il veille à l'ordre général, à la propreté et aux bonnes conditions de l'établissement au point de vue hygiénique. Il pourvoit aux besoins imprévus et rend compte de sa gestion à la commission dans sa première réunion.

Cet administrateur peut réclamer du maire ou du vice-président la convocation extraordinaire de la commission administrative.

Cette disposition est une des plus importantes du règlement nouveau. Elle substitue l'action d'un administrateur de service, désigné par la commission, à la surveillance journalière exercée à tour de rôle par chacun des

---

(1) On lit par exemple dans le règlement de l'Hôtel-Dieu de Blois rédigé en 1831 : *L'ordonnateur fait dans la maison toutes les visites que requiert l'accomplissement de ses fonctions, rend compte à chaque assemblée de la commission des résultats de son inspection, et lui présente, à la fin de son exercice, un rapport détaillé sur la situation générale de l'établissement. Tout ce qui concerne le service intérieur et extérieur rentre dans ses attributions; l'interprétation provisoire du règlement lui appartient; il peut prendre les mesures que nécessitent les circonstances imprévues, et il est provisoirement fait droit à tout ce qu'il ordonne; le tout, sauf les décisions de la commission administrative.*

membres de la commission (1). L'on a très justement fait observer que l'administration ainsi fragmentée équivaut à l'absence d'administration, et qu'à cette pratique est due en grande partie la sorte d'abdication qui s'est souvent produite des administrateurs entre les mains du personnel. Quand chaque membre de la commission n'exerce sa surveillance qu'une semaine de suite, comme cela a lieu dans nombre d'hôpitaux, il est impossible qu'aucun d'eux ait l'autorité nécessaire pour faire cesser les abus et réaliser des progrès. Le seul pouvoir permanent, celui du personnel, est alors le seul pouvoir effectif.

Il est donc très désirable, surtout dans le cas où l'établissement ne comporte pas un directeur appointé, que chaque commission mette à la tête de l'établissement hospitalier, ou de chaque établissement hospitalier dépendant d'elle, un administrateur qui y prendra en son nom la situation d'un véritable directeur, ainsi que cela se fait dans les hospices de Lyon. Cet administrateur étudiera dans tous ses détails l'organisation et le fonctionnement de l'établissement, il verra les lacunes et recherchera les moyens de les combler. Il examinera notamment s'il a été donné satisfaction aux *desiderata* formulés dans la circulaire du 10 février 1896 (annexe I, p. 117) qui signale les inconvénients de la réunion dans un même local de catégories différentes d'assistés; — la nécessité de supprimer les écoles dans les hospices; — de reviser les contrats ou de réformer les usages d'après lesquels les femmes enceintes ou certaines maladies sont écartées des hôpitaux; — d'isoler les malades atteints de maladies contagieuses; — d'assurer un milieu aseptique et les moyens d'antisepsie dans les salles d'opération et dans les salles d'accouchement; — de veiller à ce que le personnel des infirmiers et infirmières ait l'instruction indispensable au service.

L'administrateur de service se reportera donc à la circulaire du 10 février 1896; il étudiera chacune de ces questions et toutes autres que son observation journalière suggérera, et prendra lui-même ou proposera à la commission les dispositions nécessaires.

Il est évident qu'un des principaux devoirs de l'administrateur délégué est d'assurer l'observation des prescriptions hygiéniques, et, en première ligne, de tenir à la propreté absolue que doit présenter partout un établissement bien dirigé, non seulement dans les salles, mais dans les cabi-

(1) L'article 5 du règlement de 1840 était ainsi conçu : *Chaque membre de la commission exerce à tour de rôle, pendant , une surveillance journalière sur toutes les parties du service intérieur. Il pourvoit aux besoins imprévus de ce service et il en rend compte à la commission dans sa première réunion.*

nets d'aisances, dans les couloirs, les escaliers, les cuisines, dans toutes les dépendances (1). Ce point a semblé si important que l'article 5 prend soin de le signaler expressément. C'est à l'occasion de la discussion de l'article 10 que cette addition a été faite par le Conseil supérieur. Un de ses membres avait proposé de remettre la surveillance de la propreté à l'économe; mais le conseil pensa que l'administration hospitalière ne pouvait se décharger sur un employé de l'accomplissement de ce devoir essentiel. Il peut être utile de rappeler les termes dans lesquels s'est exprimé à ce sujet M. Hébrard de Villeneuve, conseiller d'État : « Dans un établissement bien organisé, il faut qu'on sente l'œil du maître. Mais c'est aux commissions administratives à remplir leurs fonctions exactement et sérieusement. Vous avez dit dans l'article 5 : *Un administrateur de service, désigné par la commission, surveille et assure quotidiennement la marche des différents services*. Le voilà, l'œil du maître ! C'est un des membres de la commission qui doit être présent et surveiller ». Le Conseil supérieur se rangea à cette opinion et ajouta le second paragraphe du présent article (2).

CHAPITRE II

Classification du Personnel.

Art. 6

La Commission administrative a sous sa direction les employés et agents de service, à savoir :

Note. — *Suit la nomenclature des employés et agents de l'établissement tels que :*

I. — SERVICE GÉNÉRAL

Un secrétaire ;
Un receveur ;
Un économe ou agent comptable ;
Des employés.

---

(1) Il devra s'attacher à la destruction de toute vermine, notamment des rats qui pullulent dans un grand nombre de nos établissements et qui peuvent servir de véhicules à des germes de maladies contagieuses. Il existe des moyens de procurer cette destruction.

(2) Cette opinion n'est, au surplus, pas nouvelle. M. Cros-Mayrevieille a signalé dans son traité de l'administration hospitalière les services que peut rendre un *administrateur surveillant* qui *personnifie la commission administrative*.

II. — SERVICE MÉDICAL ET HOSPITALIER

Médecins et chirurgiens;
Internes et externes;
Sages-femmes;
Pharmacien;
Surveillantes (laïques ou congrégranistes);
Infirmiers et infirmières (laïques ou congréganistes);
Préposés et servants des deux sexes.

III. — SERVICE RELIGIEUX

Aumôniers des différents cultes, etc.

Dans le règlement de 1840, l'article 28, correspondant à l'article 6 du nouveau projet de règlement, indiquait dans le texte même et d'une façon en quelque sorte limitative les employés et agents de service que les commissions administratives peuvent avoir sous leurs ordres.

Il a paru préférable de reporter en note une nomenclature simplement indicative. Suivant les conditions particulières à chaque établissement, les commissions administratives pourront, soit restreindre, soit accroître le nombre de ces employés et agents. Il est désirable qu'elles maintiennent la division indiquée: *I. — Service général. II. — Service médical et hospitalier. III. — Service religieux.* Mais en dehors du secrétaire, du receveur et de l'économe dont les attributions sont déterminées par les lois et règlements, la commission administrative peut, sous votre approbation, instituer, si les besoins de son service le demandent, d'autres employés. Ainsi, au cours de la discussion devant le Conseil supérieur, il a été parlé de l'utilité qu'avaient retirée certaines administrations hospitalières de la création de contrôleurs chargés de les assister dans leur œuvre de surveillance, l'action de ces agents étant, dans certains hôpitaux, étendue à toutes les parties de l'administration, ailleurs limitée à la surveillance soit du service intérieur, soit de la comptabilité. « J'ai constaté dans l'exercice de mes fonctions d'inspecteur général, a dit à ce sujet M. Henri Lefort, les excellents résultats de la nomination d'un employé portant le titre de *secrétaire contrôleur,* agent exécutif de la commission qui estime que la dépense pour ses appointements est productive, en ce sens que de notables économies sont résultées de son contrôle. Il y a là une indication très utile dont il faut tenir compte, surtout lorsqu'il n'y a, pour plusieurs établissements, qu'une commission administrative.» Le Conseil supérieur a reconnu que rien dans la loi ne s'oppose à la désignation de tels agents. Il importe néanmoins que cette désignation soit un élément de surveillance effective et d'ordre général, et elle deviendrait un élément de désordre et une source de conflits si les attributions de ces agents empiétaient sur celles que les lois et règlements ont conférées à d'autres, notamment au receveur. Vous devrez donc, lorsqu'une commission administrative proposera à votre approbation la nomination d'un *contrôleur* ou *secrétaire contrôleur*, veiller à ce que son action soit exactement délimitée. Il ne faut pas, par exemple, que cette action puisse se substituer à celle de l'administrateur de service. Si l'administrateur de service remplit ses fonctions régulièrement et dans leur plénitude, cet employé contrôleur pourra lui être d'une extrême utilité, devenir son lieutenant, assurer d'une manière permanente l'exécution de ses décisions. Je crains qu'il soit difficile de faire contrôler, ainsi que l'indiquait M. Lefort, plusieurs établissements par un seul secrétaire ; la commission administrative agira beaucoup plus sagement, me semble-t-il, en désignant pour chaque établissement un administrateur de service et un contrôleur.

Dans le premier groupe, le groupe administratif, figure un agent comptable. C'est une addition faite au règlement de 1840. Il s'agit d'un agent chargé de la gestion matérielle dans les petits hôpitaux ou hospices; cela correspond à une réforme introduite dans le règlement des économats, dont le Conseil supérieur a arrêté le nouveau texte. Cet agent comptable pourra avoir certaines attributions du surveillant.

Le règlement de 1840 ne prévoyait que le personnel congréganiste. La date du règlement en explique la rédaction. Il est à peine besoin de dire qu'aujourd'hui la commission administrative est libre de choisir un personnel laïque. Je n'ai à cet égard qu'une recommandation à lui faire, sur laquelle j'aurai l'occasion de revenir : que le personnel soit laïque ou qu'il soit congréganiste, le devoir de la commission est de s'assurer le concours d'un personnel compétent.

Le recrutement de ce personnel sera grandement facilité si, comme le Congrès d'assistance de Rouen en a exprimé le vœu, ses émoluments sont fixés à un taux acceptable, et que la commission administrative ait pris soin d'assurer une retraite à ceux de ses agents qui consacrent leur existence au service de l'établissement. Les retraites hospitalières ont été prévues par le décret du 7 février 1809 (1) et par l'ordonnance du 6 septembre 1820. En ce qui concerne spécialement les économes, le Conseil supérieur de l'assistance publique a émis le vœu suivant dans sa dernière session : « Obtenir qu'il soit créé des caisses de retraite, soit autonomes, soit rattachées à des caisses municipales, partout où il sera possible de le faire ; qu'à défaut, l'établissement d'assistance soit engagé à s'adresser à la caisse de retraites pour la vieillesse, afin de constituer une pension aux agents d'économats en versant à cette caisse, à titre de majoration et en même temps que les retenues prélevées sur le traitement, une somme égale au montant de ces retenues. »

CHAPITRE III

Attributions du personnel.

I. — SERVICE GÉNÉRAL

Art. 7

Le secrétaire est attaché spécialement aux travaux de la commission administrative.

Il prépare la correspondance; il tient le registre des délibérations et tous les autres registres du service administratif; il prépare l'expédition des ordonnances de dépense et il surveille les travaux des bureaux. Il a, de plus, la garde des papiers et des archives, dont il est responsable.

Cet article, qui contient le détail des attributions et des devoirs du secrétaire de la commission administrative, ne donne lieu à aucune observation. Il reproduit simplement le texte de l'article 29 de l'ancien règlement.

La circulaire ministérielle du 1er décembre 1862 a donné les modèles des tableaux et registres destinés à constater les délibérations, — les dons et legs, — l'état du personnel, — le mouvement de la population ; celle du

(1) L'article 12 de ce décret prévoit une retraite normale après trente ans de services administratifs dont au moins dix ans dans l'administration des hospices.

8 février 1823 indique les conditions dans lesquelles doit être tenu le sommier des propriétés. Les commissions administratives devront se référer à ces documents. Elles y apporteront d'ailleurs les modifications que la pratique hospitalière actuelle nécessiterait. Vous leur ferez remarquer que, si le registre des vieillards ou incurables postulants n'offre guère d'utilité que dans les très grandes villes et si les petits établissements peuvent y suppléer par une inscription au registre des procès-verbaux rappelée dans un état récapitulatif, il n'en est pas de même de ceux dont la tenue est imposée par l'article 22 ci-après, par exemple du registre servant à consigner le mouvement de la population hospitalisée; vous ajouterez qu'en ce qui concerne l'état du personnel surveillant et du personnel servant, il conviendra, lors de la réimpression des formules, d'examiner si les en-têtes n'ont pas besoin d'être modifiés, et que, dès à présent, il importe de rectifier, en tant que besoin, ces formules par des indications manuscrites qui permettent d'y faire figurer, au même titre, le personnel laïque et le personnel religieux attachés aux divers établissements.

Art. 8

Le receveur doit gérer en personne et tenir sa caisse ouverte tous les jours non fériés, de heures du matin à heures du soir.

La perception de tous les revenus en deniers et le payement de toutes les dépenses s'effectuent exclusivement par son intermédiaire et sous sa responsabilité.

Il fait toutes les démarches et toutes les poursuites nécessaires pour le recouvrement des sommes dues aux hospices dès qu'elles sont devenues exigibles.

Il prend toutes hypothèques conservatoires.

Il provoque le renouvellement des baux.

Il fait tous les actes nécessaires pour prévenir la prescription des titres de créance et inscriptions hypothécaires.

Il doit accepter contre récépissé de son livre à souche le numéraire, les objets précieux, titres ou valeurs que lui remettent les administrés.

Le receveur tient pour sa comptabilité tous les livres et registres prescrits par le décret du 31 mai 1862, et l'instruction générale du ministère des finances du 20 juin 1859.

A l'expiration de chaque exercice, il soumet à l'examen et à l'avis de la commission administrative son compte de cet exercice.

Il est indispensable, pour la régularité de la comptabilité, que les registres et les écritures soient tenus avec soin et que le titulaire de la recette hospitalière remplisse personnellement cet emploi ; il conviendra que la commission administrative, notamment l'ordonnateur (art. 4), veille à ce que rien de ce qui doit figurer dans ses comptes ne soit ni omis ni tardivement inscrit.

Les obligations auxquelles le receveur est astreint résultent de textes officiels, lois, ordonnances ou instructions ministérielles, dont il a paru utile de rappeler les principaux. L'article 547 du décret du 31 mai 1862 fait application aux établissements hospitaliers des règles de la comptabilité des communes en ce qui concerne la division et la durée des exercices, la spécialité et la clôture des crédits, la perception des revenus, l'ordonnancement et le paiement des dépenses, le mode d'écriture et de comptes ainsi que la formation et le règlement des budgets. L'article 1542 de l'ordonnance du 20 juin 1859 comprend un tableau des justifications à produire par les receveurs des établissements de bienfaisance.

Aux termes des articles 9 et 10 de la loi du 7 août 1851, les budgets et comptes des établissements hospitaliers sont soumis à l'avis du conseil municipal. L'avis de l'assemblée communale sera d'un très grand poids près de votre administration, surtout si la commune subventionne largement ses hospices. Dans tous les cas, vous recommanderez aux municipalités de ne pas se borner à vérifier l'exactitude matérielle des comptes du receveur, ce dont se charge, au surplus, l'administration des finances, mais de s'attacher principalement à suivre les fluctuations de la fortune hospitalière en se pénétrant de ce principe que l'assistance publique est due par la commune et que les établissements locaux de bienfaisance, qui la procurent en son lieu et place, ont des ressources limitées qui peuvent ne pas pourvoir à l'acquittement intégral de sa dette. Vous exposerez à ce propos que la façon la plus rationnelle de subventionner ces établissements est de leur fournir chaque année ce qui manque au produit de leur dotation pour assurer le fonctionnement normal des services utiles, ou pour créer ceux de ces services qui manqueraient encore, et non de leur allouer sans discussion une somme fixe et invariable ; mais vous ne devrez pas laisser ignorer que, pour ce qui est de l'emploi des subventions, toute immixtion du conseil municipal dans la gestion des hôpitaux et hospices est interdite. (Voir à ce sujet, le décret du 21 janvier 1885 reproduit dans le *Traité de l'Administration hospitalière*, p. 321.)

ART. 9

L'économe a pour attributions :

1° de percevoir, emmagasiner et conserver les denrées et objets mobiliers de toute nature ;

2° de distribuer ces denrées et objets. Il doit passer écritures et rendre compte de ses opérations.

Ce comptable est responsable de sa gestion. Il exerce ses fonctions sous le contrôle de la commission administrative, conformément aux règles prescrites.

Chaque mois il remet à la commission administrative un état indiquant la situation de ses magasins.

Le compte, affirmé véritable par l'économe et visé par l'ordonnateur, est adressé, avant le 1er avril de l'année suivante, au juge chargé de l'apurer.

Pour l'économe comme pour le receveur (art. 8), le règlement nouveau reproduit les attributions essentielles et les obligations principales de la fonction. Mais, en ce qui touche l'économe, la formule devait être plus générale, les attributions de l'économe ou de l'agent comptable en matières ayant été déterminées dans un règlement des économats délibéré par le Conseil supérieur de l'assistance publique, postérieurement à la rédaction du présent règlement modèle des hôpitaux et hospices.

Le règlement des économats, a été rendu exécutoire par décret en date du 9 septembre 1899 et porté à la connaissance des administrations départementales par la circulaire ministérielle du 15 du même mois.

ART. 10

Les divers employés des bureaux sont tenus d'être à la disposition de la commission administrative, depuis heures du matin jusqu'à heures du soir.

NOTE. — *La commission administrative peut charger un employé de la surveillance de l'établissement, sous la direction de l'administrateur de service.*

Cet article reproduit textuellement l'article 35 du règlement modèle de 1840, mais la note est nouvelle. Je me suis expliqué, à l'occasion de l'article 6, sur l'institution des employés contrôleurs et son utilité. La note introduite par le Conseil supérieur sous l'article 10 montre l'importance que cette assemblée y attache. Elle souligne ce que j'ai indiqué de la nécessité que l'agent du contrôle reste toujours subordonné à la direction immédiate de l'administrateur de service.

II. — SERVICE MÉDICAL ET HOSPITALIER

ART. 11

Les médecins et chirurgiens sont nommés par la commission administrative; ils ne peuvent être révoqués qu'avec l'approbation du préfet.

La limite d'âge est fixée à pour les médecins, et à pour les chirurgiens. La commission, à raison de leurs services, pourra leur conférer l'honorariat.

NOTE. — *La commission administrative peut instituer, et il est extrêmement désirable qu'elle institue, un concours préalable à la nomination des médecins et chirurgiens, titulaires ou adjoints.*

Sur l'ensemble des dispositions relatives au service médical (art. 11 à 14), le rapporteur, M. l'inspecteur général Drouineau, a présenté les observations suivantes:

Pour le personnel du service médical, le fond du règlement de 1840 est conservé; il n'y a évidemment rien à ajouter aux prescriptions relatives aux visites, à la tenue des cahiers, etc., tant elles sont précises et toujours de saison. On peut seulement désirer que le nouveau règlement, reproduisant l'ancien, reçoive une plus régulière application. Il serait bon que le personnel médical se persuadât qu'il ne s'agit pas, en l'espèce, d'une réglementation de pure forme et sans utilité. Les irrégularités nombreuses qui se commettent de ce chef portent une grave atteinte au fonctionnement d'un établissement; c'est le désordre matériel et financier qui en est la conséquence. Il est essentiel que le corps médical apprécie partout, dans les petits comme dans les grands établissements, la portée de cette réglementation, et se fasse un devoir de s'y soumettre.

Cependant, nous avons pensé qu'il ne fallait pas accabler le corps médical d'obligations inutiles et nous avons éloigné celles des dispositions de l'ancien règlement qui, n'ayant jamais ou à peu près jamais été mises en pratique, pouvaient être considérées comme superflues ou virtuellement abrogées.

Par contre, nous avons donné quelques indications nouvelles relatives au recrutement du personnel médical et à la durée de l'exercice hospitalier. Là encore, nous nous sommes inspirés des conditions du temps présent et de l'expérience du passé (1).

Le recrutement du personnel médical et la durée de l'exercice hospitalier, questions qui n'étaient pas en effet traitées dans le règlement de 1840, font l'objet de l'article 11.

Pour la nomination et la révocation des médecins et chirurgiens, l'article reproduit les dispositions de la loi du 7 août 1851. C'est ici le lieu de rappeler qu'il y a incompatibilité entre les fonctions de membre d'une commission administrative d'hôpital ou d'hospice et celles de médecin du même établissement. Cette incompatibilité a besoin d'être précisée, car on est exposé à la perdre de vue depuis que la loi du 5 avril 1884 (art. 33) et la loi du 15 juillet 1893 (art. 34) ont fait cesser l'inéligibilité aux conseils municipaux, départementaux et d'arrondissement des médecins des services d'assistance à domicile. La nature des attributions des commissions hospitalières, dont les membres ont la responsabilité collective de l'administration dans tous ses détails, a fait craindre qu'ici le cumul présente de sérieux inconvénients.

La note adoptée par le Conseil supérieur rappelle, en lui imprimant un caractère plus pressant, une disposition ainsi formulée par son rapporteur. « La commission administrative, disait celui-ci, peut instituer un concours préalable à la nomination des médecins et chirurgiens, titulaires ou adjoints ». Les sections réunies s'étaient contentées d'adopter ce texte. Cela a paru insuffisant au Conseil. Plusieurs de ses membres demandaient que le concours fût, dans tous les cas, obligatoire; mais le rapporteur a fait remarquer que les médecins ont une tendance croissante à se grouper dans les villes importantes, que dans un certain nombre de localités le concours serait impraticable. Cependant, comme plusieurs de ses collègues insistaient sur la nécessité de maintenir élevé le niveau scientifique du corps médical hospitalier, comme lui-même avait avec force fait

(1) Rapport de M. le Dr Drouineau, *fasc.* 63, p. 9.

ressortir les avantages du concours sur « une liste de présentation arbitrairement dressée », du concours donnant à la commission administrative et à l'autorité départementale « un guide impartial pour faire leur choix et mettant ainsi à l'abri leur responsabilité à l'égard des indigents malades », le rapporteur accepta et le Conseil supérieur décida qu'aux mots : *la commission administrative peut instituer*, on ajouterait ceux-ci : *et il est extrêmement désirable qu'elle institue*. Cette addition dicte leur devoir aux commissions administratives, et à vous-même.

Les médecins et chirurgiens doivent donc être nommés au concours partout où cela sera possible. Vous ne devrez donner votre agrément à une nomination faite sans concours que lorsqu'il vous sera démontré que ce concours ne peut pas être constitué. Dira-t-on que dans telle ou telle commune peu importante, on ne peut réunir les éléments constitutifs d'un jury ? Le doyen de la faculté de médecine de Toulouse, M. le Dr Caubet, a répondu à cette objection que rien n'empêchait, dans une telle commune, la commission administrative de faire appel à la faculté de médecine de la région et aux médecins des villes voisines. M. Hermann Sabran, président du conseil général des hospices de Lyon, a fait observer que pour le recrutement des médecins des hôpitaux de Saint-Étienne, de Grenoble, de Vienne, de Chalon-sur-Saône, les concours ont lieu dès à présent à Lyon.

Les médecins et chirurgiens, une fois nommés, ne peuvent être révoqués qu'avec votre approbation ; vous ne devez, bien entendu, la donner que pour des motifs graves.

Il a paru convenable de fixer dans le règlement une limite d'âge pour l'exercice médical hospitalier, en laissant d'ailleurs à la commission administrative le soin de la fixer ; elle peut n'être pas la même pour les médecins et pour les chirurgiens. Dans les hôpitaux de Paris, elle est de soixante-cinq ans pour les chirurgiens et de soixante-dix ans pour les médecins. M. l'inspecteur général Drouineau, dans son rapport, a justifié la limite d'âge par les considérations suivantes:

La limite de l'exercice médical hospitalier est toujours une conséquence du recrutement par le concours, mais elle doit s'entendre aussi des autres cas et être prévue d'une manière générale. Cette mesure s'explique par bien des raisons.

Le corps médical hospitalier ne saurait considérer comme une humiliation de céder, à un certain âge ou après un temps déterminé d'exercice, la place à des confrères plus jeunes, disposés comme leurs aînés à payer à l'indigent leur dette de dévouement et d'activité. Les inconvénients d'un exercice trop prolongé sont sensibles dans plus d'un établissement; d'excellents praticiens, sans aucun doute, très honorables, très dévoués, mais fatigués déjà par une longue carrière, plus confiants dans leur propre expérience que dans les déclarations scientifiques et les promesses des doctrines nouvelles, ne suivent que d'un œil distrait, quelquefois sceptique, les progrès de la science; leur honorabilité, les services rendus empêchent la commission d'intervenir dans des questions en apparence toutes personnelles et paralysent son initiative. Souvent elle s'épuise en vains efforts pour obtenir une récompense honorifique bien gagnée et qui serait l'occasion d'une retraite honorable. Il vaut mieux, dans l'intérêt des malades, agir autrement. Le recrutement du corps médical hospitalier ne sera pas entravé, nous en sommes persuadés, si, par avance, il sait que sa présence à l'hôpital ne doit être que temporaire; peut-être, au contraire, y apportera-t-il plus de soins et de zèle pour pouvoir tirer personnellement et scientifiquement tout le parti possible de cette haute situation justement enviée et à laquelle il faut conserver, par de sages prescriptions, l'estime dont elle est universellement entourée.

Le questionnaire des hôpitaux et hospices dressé par mon administration en 1888, et dont un exemplaire doit être conservé, tant dans les archives de chaque établissement que dans celles de la préfecture, a indiqué d'une manière générale (questions 4 et suivantes) les droits et les devoirs des médecins d'hôpital. En vous reportant à ce document vous remarquerez que la situation des médecins de l'assistance hospitalière n'est pas réglée d'une façon uniforme. Dans certains établissements, il existe des médecins titulaires et des médecins adjoints; ailleurs, tout médecin est chef de service. La commission administrative a toute latitude pour s'entendre avec le personnel médical, aussi bien au sujet des titres qu'au sujet des honoraires.

Une fois l'organisation du service médical arrêtée, les administrateurs laisseront naturellement les praticiens libres de diriger, sous la responsabilité professionnelle de chacun d'eux, le traitement des hospitalisés; ils ne leur permettront sans doute pas de s'immiscer dans le domaine administratif, mais ils prendront soin de leur assurer les conditions matérielles du bon exercice de leur art; ils provoqueront même leurs observations sur ce point, principalement en ce qui concerne la valeur de l'outillage chirurgical et la sûreté des moyens de désinfection.

Art. 12

Les médecins et chirurgiens visitent les malades, tous les jours à heures du matin.

Il font inscrire sur un cahier spécial leurs prescriptions et le régime alimentaire de chaque malade. A la fin de leurs visites, ils signent ce cahier.

Ils doivent consigner, sur un registre ad hoc, *leurs observations individuelles sur les personnes traitées dans l'hôpital.*

Cet article est la reproduction littérale de l'article 36 du règlement de 1840. La circulaire accompagnant ce règlement modèle s'exprimait au sujet de cet article dans des termes qui peuvent être, eux aussi, reproduits sans modification :

Les médecins et chirurgiens doivent faire leur visite quotidienne à des heures fixes. Les besoins des malades le rendent nécessaire.

Dans les cas graves, ils devront revenir une autre fois dans la journée, mais au moment où ils pourront le faire sans gêne pour eux, ou à celui où le cours de la maladie l'exigera. L'on ne saurait fixer l'heure de cette seconde visite, qui ne doit pas être générale, et ne peut pas, dès lors, causer de véritable dérangement dans l'établissement.

La transcription, sur un cahier spécial, des prescriptions des médecins et chirurgiens, et du régime alimentaire de chaque malade est, sans contredit, la clause la plus importante du service de santé ; elle l'est aussi pour la régularité du service économique des hôpitaux et hospices ; et cependant cette mesure est bien souvent négligée.

En ce qui concerne la santé des malades, les cahiers réguliers des praticiens évitent les erreurs funestes qui pourraient avoir lieu, par suite de la négligence avec laquelle les remèdes seraient indiqués et donnés.

Pour la comptabilité en matières, les cahiers des médecins sont indispensables, puisque sans eux, l'économe n'a plus d'éléments certains pour apprécier les consommations : tandis qu'au moyen de ces cahiers, et du chiffre des employés nourris dans l'établissement, il sait parfaitement tout ce qui a dû être consommé.

Les commissions administratives doivent donc tenir strictement la main à ce que les cahiers de visites soient rédigés avec la plus grande exactitude.

Le registre destiné à recevoir les observations des médecins et des chirurgiens sur les individus traités dans l'hôpital doit aussi avoir beaucoup d'utilité sous le rapport de l'art, et ces praticiens y trouveront d'utiles enseignements, comme ils en laisseront à leurs successeurs.

Leur zèle pour les progrès de la science qu'ils cultivent, leur fera apprécier le bien qui doit résulter de cette mesure.

Il reste entendu que les cahiers de visite pourront, comme cela se pratique depuis longtemps, être au nombre de deux pour chaque salle ou division, l'un et l'autre étant employés alternativement, de manière qu'à la visite de chaque jour le médecin ait facilement sous les yeux les prescriptions de la veille tandis que l'on inscrit sur l'autre cahier les prescriptions nouvelles.

ART. 13

Les médecins et chirurgiens, dans le cas de maladie contagieuse ou épidémique, doivent faire les déclarations prescrites par l'article 15 de la loi du 30 novembre 1892, et prendre les mesures qui leur paraissent de nature à empêcher la contagion de se propager. Ils en rendent compte immédiatement à l'administrateur de service.

Cet article est nouveau. Il n'y a aucune prescription analogue dans le règlement de 1840. On se préoccupait moins alors de la contagion des maladies, parce que l'on savait peu de chose de la manière de les combattre. Il était inévitable que les découvertes de Pasteur eussent leur contre-coup sur le règlement des hôpitaux.

La première prescription de l'article, le rappel à la loi du 30 novembre 1892 et l'obligation de déclarer à l'autorité les cas de maladie transmissible, ne se trouvait pas dans le texte présenté par les sections. C'est sur une très juste observation de M. le Dr Henri Henrot qu'elle a été introduite. Il est utile de ne pas manquer une occasion de rappeler cette obligation, à laquelle trop de médecins se soustraient encore, au grand dommage de la santé publique.

A la date présente, les maladies contagieuses, que les médecins des hôpitaux sont tenus de déclarer, au même titre que tous autres médecins traitants, sont celles qu'énonce l'arrêté ministériel du 23 novembre 1893, savoir: 1° fièvre typhoïde; 2° typhus exanthématique; 3° variole ou varioloïde; 4° scarlatine; 5° diphtérie (croup et angine couenneuse); 6° suette miliaire; 7° choléra et maladies cholériformes; 8° peste; 9° fièvre jaune; 10° dysenterie; 11° infections puerpérales, lorsque le secret au sujet de la grossesse n'aura pas été réclamé; 12° ophtalmie des nouveau-nés.

La seconde prescription de l'article est justifiée par le rapporteur, M. l'inspecteur général Drouineau, de la manière suivante:

L'importance que l'hygiène publique et la loi sur l'exercice de la médecine ont donnée aux maladies contagieuses, explique qu'il faille s'occuper, ainsi que le font certains règlements, de l'intervention médicale dans le cas d'apparition d'une maladie contagieuse dans l'établissement. Il nous a paru conforme à la logique que les médecins fussent appelés à ordonner de suite les mesures à prendre pour assurer la préservation intérieure, et qu'ils eussent ensuite à rendre compte à l'administrateur. Procéder inversement, c'est-à-dire prévenir l'administrateur de service et attendre de lui l'exécution des ordres nécessaires, était, dans bien des cas, apporter un retard plus ou moins grave à l'isolement et à la désinfection désirables, ce qui ne saurait être sans dangers pour la population hospitalière. Cette petite part d'autorité que l'urgence explique ne saurait effaroucher les commissions administratives.

L'isolement et la désinfection, telles sont en effet les précautions à prendre. Mais il faut que l'isolement soit sérieux et la désinfection efficace (1). Le médecin doit avoir compétence pour surveiller la réalité de l'isolement et l'efficacité de la désinfection.

Le quartier d'isolement pour les malades atteints d'affections transmissibles est un organe essentiel. Son importance doit naturellement être proportionnée à celle de l'établissement hospitalier, mais, petit ou grand, il doit toujours exister. Il est très désirable qu'il forme un bâtiment séparé, suffisamment distant des autres quartiers et surtout du quartier de chirurgie ; il doit, en outre, être exposé de telle sorte que les vents dominants dans la région n'en puissent emporter les émanations dans les bâtiments hospitaliers (voir questionnaire de 1888, questions 115 et suivantes). Installé dans des bâtiments spéciaux pour les grands hôpitaux, il peut, dans ceux de moindre importance, être remplacé par des constructions légères, faciles à désinfecter. Partout on devra prévoir la possibilité de son extension rapide, en temps d'épidémie, au moyen de tentes ou de baraquements fixes ou démontables (questionnaire de 1888, question n° 43).

L'isolement ne sera effectif que s'il supprime tout rapport entre, d'une part, les malades contagieux et *le personnel affecté à leur traitement,* d'autre part, le reste de l'hôpital.

Le quartier d'isolement doit donc être la réduction d'un hôpital complet, ayant son personnel propre et des petits services généraux (cuisine, office, salles de bains, cabinets, etc.) qu'on désigne ordinairement sous le nom de « servitudes ».

Le seul mode d'isolement rationnel est celui des chambres à un seul lit, ne communiquant pas directement entre elles, unies par un couloir commun extérieur. De préférence, ce couloir sera sous une vérandah ou terrasse à

---

(1) Le ministre de l'Intérieur tient à la disposition des commissions administratives des exemplaires des instructions prophylactiques spéciales à chacune des maladies contagieuses ci-dessus énumérées. On trouvera en annexe de la présente circulaire (annexe II, p. 121) le texte des instructions prophylactiques générales rédigées par le Comité consultatif d'hygiène publique de France.

l'air libre. Il ne suffit pas, en effet, de séparer les contagieux des autres malades, il faut en outre que les divers contagieux soient séparés les uns des autres; ceci est de rigueur quand ils sont atteints d'affections différentes.

Le quartier d'isolement appelle un service d'observation où sont logés les entrants suspects d'affections contagieuses, préalablement à leur admission définitive soit au quartier d'isolement, soit dans les salles communes de l'hôpital, suivant le diagnostic médical définitif.

Le quartier d'isolement perdrait son efficacité si le linge de cé quartier était mélangé à celui de l'hôpital; ce linge, avant de passer par le nettoyage en commun doit être soumis à une désinfection rigoureuse.

Le service de désinfection n'est pas moins nécessaire que le quartier d'isolement, et il est d'un usage plus constant. Tous les linges suspects ou mieux tous les linges bons à laver, ont besoin de subir la désinfection avant de passer au blanchissage. La désinfection la plus sûre est celle par l'étuve à vapeur sous pression, qui est indispensable pour les objets de literie, de pansement et les vêtements. Un bain de lavage, avec solution antiseptique et un pulvérisateur, dont la mise en marche sera calculée suivant les objets et la nature des surfaces, serviront à la désinfection des objets qui ne peuvent supporter le passage dans la vapeur d'eau sous pression, ainsi qu'au nettoyage des murs, du sol et des objets mobiliers.

La disposition la plus pratique consiste à aménager le service de désinfection à côté ou dans les bâtiments de la buanderie, en des salles distinctes, afin que les objets à nettoyer soient en tout cas désinfectés nécessairement et préalablement au blanchissage.

Le blanchissage doit être organisé de façon à garantir absolument et dans des conditions de sage économie la parfaite innocuité du linge hospitalier. Voici sur ce sujet, quelques indications usuelles :

Un grand hôpital a intérêt à posséder une blanchisserie mécanique. Les frais de premier établissement, relativement importants, sont bientôt compensés par les économies réalisées sur la main-d'œuvre, par le temps gagné et par la moindre usure du linge. On peut tabler pour un hôpital de 100 lits sur une force motrice de 4 chevaux qui permet d'avoir lessiveuse, essangeuse, essoreuse, savonneuse, étuve à sécher et repasseuse; ce matériel, dont le prix d'acquisition est d'environ 10.000 francs, fonctionnant un jour par semaine avec 3 personnes (soit 15 à 20 francs, combustible compris) suffit à assurer le blanchissage de tout le linge d'un établissement de 100 lits aux conditions suivantes :

52 lessives par an, environ	1.000 francs
Amortissement du matériel, 10 p. 0/0	1.000 —
Total	2.000 francs par an

soit environ cinq centimes et demi par lit et par jour. On a observé que le linge blanchi mécaniquement dure presque le double de celui frotté à la brosse et tordu à la main. L'expérience de certains grands établissements démontre que le blanchissage mécanique coûte, tout considéré, *quatre fois moins cher* que celui effectué à la main ; et, comme l'économie croît avec l'importance du service, les commissions hospitalières qui administrent plusieurs établissements trouveront avantage à centraliser le service de la buanderie.

Art. 14

Les médecins et chirurgiens doivent être appelés à émettre leur avis sur les changements ou grosses réparations aux constructions, entrepris dans les hôpitaux et hospices.

Le règlement de 1840 (art. 37) recommandait de prendre l'avis des médecins et chirurgiens sur les changements ou grosses réparations aux constructions qui, dans l'intérêt des malades, exigent des dispositions spéciales, ou qui peuvent avoir de l'influence sur l'état sanitaire des établissements hospitaliers. Les sections du Conseil proposaient de s'en tenir à cette indication générale.

Mais il est clair que toute modification importante des constructions peut avoir une répercussion, heureuse ou fâcheuse, sur l'état sanitaire de l'établissement. Une simple réparation peut soulever de la part du corps médical des critiques très justifiées : tel le cas, assez fréquent, où les réparations projetées tendraient à consolider, et par conséquent à perpétuer une disposition défectueuse. « S'il s'agit de construire un petit hangar, disait le rapporteur, cela peut-il en rien intéresser les malades ? » A quoi M. Henri Lefort répondait : « Cela peut diminuer l'aération d'une salle voisine. » Mieux vaut donc, comme l'a décidé après discussion le Conseil supérieur, affirmer, dans une formule impérative et générale, l'obligation de prendre l'avis des médecins et chirurgiens sur les travaux projetés.

Le corps médical ne donne d'ailleurs qu'un avis. La commission administrative, en délibérant sur cet avis, et le préfet, en approuvant sa délibération, restent libres de ne pas tenir compte des exigences qui seraient manifestement excessives. La circulaire du 18 mars 1894 dont un extrait est reproduit ci-après (annexe III, p. 127) recommande de procéder toujours avec économie. Je rappelle que, quand il s'agira de constructions nouvelles ou de transformations notables, vous devez, avant d'approuver la délibération, en référer à mon administration qui consultera les inspecteurs généraux de l'assistance publique, conformément à l'article 15 du décret du 15 juin 1891 qui doit s'interpréter de la manière la plus large. Cette formule vise en effet jusqu'aux travaux d'entretien tels que la réfection des peintures, lesquelles pourront être parfois avantageusement remplacées par des enduits plus propices à la désinfection, parfois heureusement refaites en couleurs « plus salissantes » c'est-à-dire moins susceptibles de rester maculées sans attirer l'attention. Le remplacement d'un tapis, la réfection d'un carrelage à larges joints peuvent provoquer de graves objections de la part d'un médecin soucieux de réaliser le maximum d'asepsie dans les locaux hospitaliers.

Pour apprécier l'utilité d'avis techniques en matière de constructions hospitalières, je vous engage à vous reporter aux n°s 39 à 42 et 57 à 80 du questionnaire de 1888. Vous y verrez que les conditions hygiéniques d'un établissement sont influencées par sa position topographique, la superficie du terrain qu'il occupe, l'orientation des divers bâtiments, leur disposition respective, leur rapprochement les uns des autres, leur surélévation au-dessus du sol, les superpositions d'étages, l'addition aux salles de différentes annexes, la disposition des surfaces intérieures (saillies ou angles arrondis), les matériaux employés pour les cloisons ainsi que pour les planchers et pour les plafonds, les systèmes adoptés pour les cabinets d'aisances et pour les urinoirs (systèmes avec ou sans effet d'eau, avec ou sans syphon), le mode d'évacuation des matières usées (fosses étanches ou puits perdus, appareils diviseurs ou canalisation à l'égout), les procédés de chauffage, d'éclairage, etc.

Art. 15

Le pharmacien est nommé par la commission administrative. Il exécute, conformément au codex et sous le contrôle des médecins, les prescriptions ordonnées; il tient, suivant les règles prescrites, la comptabilité des matières de son officine.

Note. — *Les préparations pharmaceutiques ne doivent pas faire l'objet d'une adjudication spéciale.*

Réserve faite des manipulations officinales dont on peut laisser le soin au personnel servant, tous les médicaments doivent être confectionnés par un pharmacien diplômé, qu'il soit attaché exclusivement à l'établissement ou choisi parmi les pharmaciens de la localité. J'insiste avec force sur cette importante prescription, et vous devez, tenir la main à ce qu'elle soit rigoureusement obéie. Il s'est introduit à cet égard dans certains hôpitaux un relâchement contre lequel le Conseil supérieur a protesté dans l'intérêt des malades. Une parfaite charité ne supplée pas en telle matière aux connaissances scientifiques indispensables, et dont un diplôme régulier est le seul garant. Voici en quels termes s'est exprimé à cet égard M. le Dr Henrot:

Il faut combattre et protester avec les pharmaciens contre la tendance qui consiste à s'en remettre aux sœurs. Il est arrivé que plusieurs inventaient des médicaments et finissaient par avoir dans l'hôpital plus d'autorité que le médecin. Qu'il s'agisse de prescriptions faites dans l'hôpital ou au dehors, il faut qu'elles soient exécutées sérieusement et soigneusement par un pharmacien. C'est d'autant plus nécessaire qu'aujourd'hui l'on emploie couramment des médicaments très actifs même à la dose de un ou deux milligrammes. Il faut que ces dosages soient faits par un homme de l'art, sinon on risque d'empoisonner le malade. La pharmacie est devenue un art difficile, délicat, qu'on ne peut plus confier aux sœurs comme autrefois, surtout depuis l'emploi de substances extrêmement toxiques par la méthode hypodermique.

Tout médicament doit donc sortir d'une pharmacie, que ce soit la pharmacie hospitalière ou une pharmacie de la ville qui le fournisse. Je qualifie de criminelle la tolérance contraire. Nous manipulons chaque jour des substances dangereuses; il ne faut pas que l'hospitalisé soit plus mal soigné, plus exposé à l'empoisonnement que le malade de la clientèle. Avec les nouvelles méthodes de traitement, il faut que nous ayons une confiance absolue dans les médicaments administrés. Si on faisait une injection avec une substance toxique fournie par une sœur, je tremblerais (1).

Chaque commission administrative devra donc profiter de la réfection de son règlement pour examiner avec soin la question de la fabrication des remèdes et se mettre à cet égard en règle avec les exigences de la loi. Ou bien elle nommera un pharmacien attaché à l'établissement, ou bien

---

(1) *Actes du Conseil supérieur*, fasc. 63, pp. 71, 72, 73.

elle conclura un arrangement avec un pharmacien de la localité ou d'une localité voisine. Je dis : voisine, car il importe que, s'il est impossible d'avoir un pharmacien spécial, celui qui sera choisi ne soit pas éloigné, puisque, plus il sera loin, moins il sera surveillé. Cette surveillance serait à peu près nulle matériellement et moralement à l'égard d'un pharmacien habitant à plusieurs kilomètres, et ayant acquis au rabais, par une adjudication publique, le privilège de fournir des médicaments à l'établissement hospitalier. Le Conseil supérieur a jugé nécessaire d'interdire expressément, par une note ajoutée à l'article 15, cette étrange pratique.

Lorsque l'hôpital possédera un pharmacien titulaire, les substances médicamenteuses pourront être achetées en gros chez le droguiste. Dans ce cas, on devra prendre la précaution de faire faire l'analyse des livraisons successives avant leur réception définitive et les résultats de l'analyse devront être consignés sur un registre. (Voir n°s 16 et suivants du questionnaire de 1888.)

Nommé par la commission administrative, en vertu du droit qu'elle a de diriger le service intérieur et d'arrêter les règlements du service de santé (art. 7 et 8 de la loi du 7 août 1851), le pharmacien est placé sous le contrôle de la même commission. L'administrateur de service doit notamment veiller à la régularité de la distribution des médicaments. Mais, indépendamment de ce contrôle administratif, le pharmacien est soumis à un contrôle médical.

En vue d'éviter toute ambiguïté, l'article 15, modifiant en cela l'article 38 du règlement de 1840, dit que le pharmacien exécutera les prescriptions « conformément au codex et sous le contrôle des médecins ». La portée de cette rédaction a été nettement expliquée dans la discussion qui s'est élevée dans le Conseil supérieur au sujet de cet article; le rôle des médecins se borne à vérifier la bonne préparation des médicaments d'après leurs prescriptions. Ils en référeront, s'il est besoin, à l'administration hospitalière.

Le pharmacien doit tenir avec soin la comptabilité en matières que le règlement sur les économats a très justement prescrite et dont il était nécessaire de faire ici mention. Dans les établissements où il y aura une pharmacie centrale et plusieurs officines, ce règlement général de comptabilité, qui forme l'objet de ma circulaire du 15 septembre dernier, s'appliquera exclusivement à la pharmacie centrale; il conviendra en conséquence que les règlements hospitaliers prévoient l'organisation spéciale de la comptabilité des officines secondaires.

Tenant compte des indications de l'expérience et des nécessités pratiques, le nouveau règlement n'a pas reproduit la disposition du règlement de 1840, aux termes de laquelle le pharmacien devait faire lui-même la distribution des médicaments. Chaque administration hospitalière assurera cette distribution comme elle le jugera expédient. L'important est qu'elle soit faite avec beaucoup de soin. En général, il est désirable que les remèdes soient distribués par la personne qui a suivi la visite du médecin, entendu et recueilli ses prescriptions.

Il n'est pas inutile de rappeler que les pharmacies hospitalières sont soumises aux mêmes obligations protectrices de la santé publique que les pharmacies commerciales, notamment en ce qui concerne l'indication au moyen d'étiquettes spéciales des substances toxiques et des médicaments pour l'usage externe: ces obligations sont indépendantes de la vente et de la distribution des médicaments. Quant à la fourniture des médicaments au dehors, la question étant actuellement soumise aux Chambres avec la révision de la loi sur l'exercice de la pharmacie, je dirai seulement que la distribution aux pauvres échappe à toute critique quand elle est faite par les dispensaires dont il sera parlé à l'article 24 ci-après et que la vente au bureau de bienfaisance est à encourager lorsqu'elle permet à l'un et à l'autre établissement charitable de s'approvisionner à moins de frais que si chacun agissait isolément.

Art. 16

Les élèves internes et externes doivent assister régulièrement à toutes les visites, tenir les cahiers et en faire tous les relevés et extraits nécessaires à la pharmacie et à l'économat.

Ils assurent l'exécution de toutes les prescriptions relatives aux malades faites par les médecins; ils examinent les malades entrants et réclament pour ceux-ci ou pour les autres malades l'intervention du médecin et du chirurgien dès qu'ils en reconnaissent la nécessité.

Ils sont nommés après concours par la commission administrative, qui décide de leur ordre de service.

En cas de révocation, la délibération de la commission administrative doit être approuvée par le préfet.

Le règlement de 1840 ne contenait aucune disposition relative au service des élèves internes et externes dans les établissements hospitaliers.

L'institution ne fonctionne pas en effet dans tous les établissements hospitaliers, mais le nombre de ceux où elle fonctionne, et qui ne sont pas seulement ceux des villes où existe une faculté de médecine ou une école secondaire, a paru assez grand pour justifier une prescription réglementaire.

Avec plus de raison encore que pour les médecins et chirurgiens, les élèves internes ou externes doivent être nommés après un concours dont la commission hospitalière déterminera les conditions. On n'imagine pas que l'établissement soit assez important pour nécessiter la présence de ces élèves, et que cependant il soit impossible d'organiser un concours. Le Conseil supérieur a donc maintenu dans le texte de l'article 16 la nécessité de ce concours.

Le maintien de l'autorité de la commission hospitalière exige que les élèves soient révocables par la commission sans que celle-ci soit astreinte à prendre l'avis du chef de service; mais il est évident qu'elle le prendra toutes les fois que l'on reprochera à l'élève une faute professionnelle.

La délibération prononçant la révocation devra, comme toutes les délibérations de la commission, être soumise à l'approbation du préfet. Si cette nécessité est rappelée expressément ici, c'est pour donner plus de garantie à ceux qui se présentent au concours et augmenter ainsi les chances d'un bon recrutement.

Art. 17

Le service des accouchements est placé sous la direction spéciale d'un accoucheur, chef de service; il est assisté d'une maîtresse sage-femme qui, en son absence, fait exécuter ses prescriptions et pare aux premières nécessités.

La sage-femme est nommée par la commission administrative, elle doit être exclusivement choisie parmi les sages-femmes de 1re classe et agréée par l'accoucheur titulaire. Elle ne peut être révoquée qu'après avis de son chef de service; la délibération de la commission administrative prononçant sa révocation doit être approuvée par le préfet.

Le règlement de 1840 n'a pas d'article correspondant. Un membre du Conseil supérieur ayant demandé s'il n'en devait pas être des sages-femmes comme des internes et externes, et si l'on ne devait pas pouvoir, pour leur révocation comme pour celle des élèves, se passer de l'avis du chef de service, M. le Dr Drouineau, rapporteur, a répondu par les considérations suivantes qui ont paru décisives au Conseil :

L'espèce n'est pas la même. La sage-femme chargée de la maternité dans un établissement hospitalier a une très grande responsabilité. Elle est généralement choisie avec beaucoup de soin, et à juste titre. Il faut une femme présentant des garanties de moralité, de capacité, pouvant assurer complètement le service. Elle est en rapports constants avec le chef de service qui doit trouver en elle une collaboration docile et intelligente. Si des difficultés surviennent entre la sage-femme qui est laïque et le personnel de l'établissement qui peut ne pas l'être, si la commission favorise telle ou telle tendance, elle pourra considérer certains griefs comme fondés alors qu'ils n'auront ou pourront n'avoir qu'une importance relative. Une femme rendant d'incontestables services pourra être renvoyée et mal remplacée. Je vois là de gros risques à courir. On peut toujours remplacer un interne ; on ne peut pas toujours remplacer une sage-femme habile et intelligente par une autre ayant les mêmes qualités.

Art. 18

Les surveillantes, laïques ou congréganistes, sont chargées du service intérieur, sous l'autorité de la commission administrative.

Elles soignent les différentes catégories d'hospitalisés.

Elles distribuent, après les avoir reçus de l'économe, les vêtements, les aliments et tous les autres objets de consommation.

Elles ne peuvent gérer aucun des biens ni percevoir aucune des parties des revenus de l'administration hospitalière, même lorsque ce sont des revenus en nature (1).

Elles ne peuvent non plus prendre à ferme l'administration intérieure ni aucune fourniture à faire à l'établissement (2).

Le règlement nouveau indique dans son texte même que les services hospitaliers peuvent être assurés par des surveillantes laïques aussi bien que par les sœurs, les services généraux comme celui des soins directs aux malades. Le texte voté par le Conseil supérieur disait : « les

---

(1) Avis du Conseil d'État du 19 août 1837 et décision du ministre de l'intérieur du 25 novembre 1859.

(2) L'article 15 de la loi du 7 août 1857 autorise la commission, d'accord avec le conseil municipal et sous l'approbation du préfet, à traiter de gré à gré ou par voie d'abonnement de la fourniture des aliments et objets de consommation nécessaires aux établissements hospitaliers ; mais la jurisprudence administrative n'admet pas que cet article soit applicable aux conventions qui peuvent se former entre l'administration hospitalière et le personnel, laïque ou congréganiste, qui dessert l'établissement.

surveillantes laïques ou les sœurs hospitalières ». Il a semblé que l'assimilation qu'il a voulu établir serait plus complète avec le texte nouveau.

Dans le choix qu'elle est appelée à faire entre les laïques et les congréganistes, en vertu d'un pouvoir auquel il ne lui est pas permis de renoncer, la commission administrative ne doit être guidée par aucune considération autre que l'intérêt des hospitalisés. C'est pour eux que l'hôpital et l'hospice sont faits; c'est à eux qu'ils appartiennent; la commission doit se considérer comme le mandataire des pauvres et choisir le personnel qui offre à ceux-ci le plus de garanties de soins à la fois éclairés et dévoués. Car ici le dévouement est nécessaire; mais le dévouement est insuffisant. Il faut y joindre les connaissances indispensables à l'exercice judicieux de la profession, et l'obéissance à ceux qui en savent davantage et qui ont la responsabilité des décisions importantes. Le personnel doit donc réunir ces trois qualités: d'être dévoué, d'être instruit, d'être discipliné, et la commission administrative devra faire appel au concours de celui qui, toutes choses balancées, lui paraîtra le plus dévoué, le mieux instruit et le plus discipliné.

Vous trouverez ci-après (annexe IV, p. 131) ma circulaire du 17 juillet dernier concernant le recrutement du personnel secondaire des établissements hospitaliers. Je vous prie de vous y reporter et de signaler aux diverses commissions administratives les écoles d'infirmiers ou d'infirmières ouvertes dans votre département ou dans un département voisin afin qu'elles sachent où s'adresser, soit pour faire instruire le personnel qu'elles ont choisi, soit pour le renouveler peu à peu si celui-ci leur paraît réfractaire à l'instruction.

Dans son rapport, M. l'inspecteur général Drouineau ajoute une considération qui, bien que subsidiaire (car les hôpitaux ne sauraient avoir pour objet de fournir des places à un personnel, si méritant soit-il) a paru présenter un certain intérêt. Voici en quels termes il s'exprime:

Ne voulant faire naître à ce sujet aucune discussion aiguë ou irritante, et estimant que l'Assistance publique est un terrain où il doit y avoir place pour tous les dévouements sans qu'il soit nécessaire de considérer le costume que revêtent ceux ou celles qui s'occupent des malades et des faibles, nous nous abstiendrons de tout développement, mais on nous permettra cependant de penser et de dire que l'Assistance publique peut faire pour ainsi dire doublement œuvre pie en appelant à elle des femmes éprouvées par la lutte de la vie, ayant perdu leur soutien, leur fortune ou leurs parents, et cherchant elles-mêmes un secours matériel dans le travail. Respectables entre toutes, ces femmes, douces aux malheurs d'autrui, plus compatissantes souvent parce qu'elles-mêmes ont beaucoup souffert, sont, hélas!

nombreuses ; là où elles ont été placées, elles ont donné la preuve la plus éclatante de leur dévouement et des bons services qu'on peut attendre d'elles. Je n'en citerai qu'un exemple, celui des asiles nationaux du Vésinet et de Vincennes, et cela me paraît suffisant pour justifier l'indication que nous avons donnée dans le règlement, sans prendre parti, je le répète, mais aussi en toute impartialité et avec la conviction absolue que cette modification dans le service hospitalier n'est pas de nature à changer les conditions matérielles et morales des malades.

Si la commission administrative croit devoir choisir un personnel hospitalier congréganiste, il convient de rappeler que des sœurs hospitalières ne peuvent être attachées aux hôpitaux et hospices que par un traité régulièrement passé entre la communauté ou congrégation à laquelle elles appartiennent et la commission administrative ; ce traité doit être approuvé par l'autorité préfectorale (loi du 7 août 1851, art. 8).

Je reproduis à la suite des présentes instructions (annexe V, p. 137) le projet de traité qui était joint à la circulaire ministérielle du 26 septembre 1839, en lui apportant certaines modifications de détail qui s'expliquent par les progrès de l'organisation hospitalière depuis cette date, et en le mettant en harmonie avec la législation actuelle.

Dans la conclusion d'un traité avec les sœurs comme dans la fixation des appointements du personnel laïque, il devra être précisé par quels avantages en nature les émoluments en argent sont complétés. Le questionnaire de 1888 (question 33, dernier paragraphe) indique que les avantages en nature (nourriture, blanchissage, etc.) doivent être évalués. Cette évaluation est indispensable pour connaître le coût réel du personnel ; elle est donc un élément nécessaire de la détermination du prix de journée.

Pour bien délimiter les attributions respectives du personnel du service intérieur et celles des autres agents ou employés, l'article 18 fait application du principe en vertu duquel le receveur doit encaisser tous les produits en deniers, comme l'économe doit faire recette de tout ce qui est reçu en nature. De ce principe découle la conséquence déjà indiquée (art. 18) que les surveillantes, qu'elles soient laïques ou congréganistes, ne peuvent gérer aucun des biens ni percevoir aucune des parties des revenus de l'administration hospitalière, même lorsque ce sont des revenus en nature et qu'elles ne peuvent pas davantage prendre à ferme l'administration intérieure ni aucune fourniture à faire à l'établissement.

Les surveillantes n'ont plus, comme dans le règlement de 1840, à diriger les ateliers de travail ; cette direction appartient exclusivement à l'économe (voir plus loin, art. 46).

De même devait disparaître du règlement modèle la disposition du règlement de 1840 qui remettait aux sœurs hospitalières le soin de donner l'instruction primaire aux enfants de l'établissement. Le principe de la spécialité des établissements publics s'oppose au maintien de cette prescription, qui a eu son utilité. Aujourd'hui, les enfants recueillis à l'hospice doivent être envoyés à l'école communale.

Quant aux orphelinats hospitaliers qui subsistent, soit en vertu de legs dont leur établissement fut une condition essentielle, soit par suite d'un usage ancien dont les commissions administratives n'ont pas encore eu le courage de s'affranchir, les règles qui leur sont applicables sont consignées dans un projet de règlement adopté par le Conseil supérieur de l'assistance publique dans sa première session de 1897 (fascicule 60 des *Actes du Conseil supérieur de l'assistance publique*).

Vous trouverez en annexe à la présente circulaire ce règlement modèle auquel les commissions hospitalières auront à se référer (annexe VI, p. 139).

L'instruction et le travail des enfants, dit très bien M. l'inspecteur général Drouineau en son rapport, y sont spécialement réglementés et il ne peut pas y avoir à ce sujet deux modes de faire, deux façons de penser. Quel que soit le nombre des enfants qu'on puisse admettre dans un établissement hospitalier, et, dans ce cas, c'est l'hospice, qu'il y ait un orphelinat réel ou seulement apparent, important ou minime, il n'importe; il ne saurait au sujet de l'instruction y avoir un règlement différent de celui des orphelinats hospitaliers et ce sont ces prescriptions qu'il conviendra de rappeler, quand il y aura lieu, dans les règlements des différents établissements. Il ne doit pas y avoir de difficultés sur ce point, pas plus qu'en ce qui concerne les écoles et les pensionnats.

L'instruction primaire est devenue depuis 1840 une obligation communale et, par suite, l'école publique ne doit plus avoir sa place à l'hospice.

De même, le pensionnat à titre payant n'a aucune raison d'être dans les établissements hospitaliers, qui tous ont besoin d'être agrandis ou aménagés en vue des nécessités actuelles. A l'occasion du règlement type, M. Duchâtel, ministre, demandait aux préfets d'exclure le pensionnat de l'hospice; n'admettant pas davantage son existence, nous n'avons pas plus qu'en 1840 à lui consacrer de mention dans le présent règlement.

Les commissions administratives et vous-même, monsieur le préfet, ne devez négliger aucun moyen de faire disparaître ou de transformer ces établissements anormaux, et de faire profiter les pauvres, recueillis dans les hôpitaux ou dans les hospices, des locaux que laisserait libres cette disparition.

Art. 19

Les préposés, les infirmiers, les infirmières, les servants des deux sexes sont placés sous la direction de l'administrateur de service ou de son délégué et, en son absence, sous la direction de la surveillante en chef, laïque ou congréganiste. Ils sont choisis ou renvoyés par l'administrateur de service, avec l'approbation de la commission administrative.

Le personnel hospitalier secondaire, préposés, infirmiers et servants des deux sexes, sont choisis et renvoyés par l'administrateur de service, qui en réfère à la commission administrative, car il importe que celle-ci conserve l'autorité suprême. Il ne s'agit d'ailleurs ici que des nominations individuelles. Lorsque c'est une question, non de personne, mais de principe qui est en jeu, comme, par exemple, le choix à faire entre un personnel laïque et un personnel congréganiste, la commission entière doit se prononcer. On ne comprendrait pas qu'elle pût déléguer à qui que ce soit une décision de cette importance.

En l'absence de l'administrateur de service, il faut bien que les agents subalternes reconnaissent une autorité et se soumettent à ses ordres. Le pouvoir nécessaire est ici encore une sorte de délégation consentie par la commission; il sera exercé, dit l'article 19, par le délégué de l'administrateur de service. Ce délégué peut être un employé logé dans l'établissement; suivant les cas, l'économe, le secrétaire, un contrôleur (voir sous l'art. 6). A défaut ou en l'absence de cet employé, la surveillante en chef, que ce soit une surveillante laïque ou la supérieure des congréganistes, exercera le commandement sur le personnel secondaire. Il est utile que le règlement entre dans ces indications de détail; sa seule lecture montre qu'ainsi l'ordre est toujours maintenu dans la maison ; elle indique nettement au personnel servant qu'il y a toujours près de lui une autorité, émanée de la commission, compétente pour le diriger, et armée pour réprimer ses écarts.

La fin de l'article a trait à la nomination du personnel inférieur. La commission administrative pourra laisser à l'administrateur de service le soin de nommer et de renvoyer les agents subalternes, mais il convient qu'elle se réserve de fixer les cadres et de déterminer d'une façon générale les émoluments afférents à chaque fonction ; ce faisant, elle aura à considérer qu'un bon personnel doit être peu nombreux mais suffisamment rétribué. C'est une manière d'agir répréhensible que celle pratiquée par certaines administrations hospitalières, qui confient à des assistés, vieillards ou infirmes, certaines fonctions dans l'établissement sans autre rémunération que la nourriture et le logement. Ni l'hospice ni l'hôpital ne sont institués pour procurer l'assistance par le travail ; et, s'il est naturel de ménager les forces d'un vieux serviteur en réduisant sa tâche à des besognes faciles, on n'est pas excusable, quand on gère la fortune hospitalière, de choisir des serviteurs déjà usés qui enlèvent tout à la fois des places de servants à de plus valides, des lits d'hospitalisés à de plus malades. Cette observation s'applique non seulement aux hôpitaux, mais encore aux hospices, réserve faite des soins mutuels que s'y doivent les pensionnaires pauvres et dont il sera parlé à l'article 44.

Art. 20

Il est interdit à toutes les personnes attachées au service hospitalier de recevoir, à quelque titre que ce soit, des dépôts d'argent.

Ces dépôts seront directement remis au receveur (1) qui en passera écriture et qui en préviendra immédiatement l'administrateur de service.

Ces prescriptions, fréquemment rappelées par la Cour des comptes, doivent rester la règle générale; mais il a été reconnu qu'en certains cas elles se heurtent à des difficultés pratiques. Le Conseil supérieur a donc étudié, à propos de la revision du règlement sur la comptabilité-matières, les conditions dans lesquelles il pourrait y être fait exception. Celles-ci sont exposées à la fin de la circulaire d'envoi du nouveau règlement de la comptabilité des économes (circulaire du 15 septembre 1899).

III. — SERVICE RELIGIEUX

Art. 21

Le service du culte est organisé dans l'établissement de façon à assurer le respect de la liberté de conscience et à permettre l'accomplissement des devoirs religieux.

A cet effet, les ministres des différents cultes doivent avoir accès auprès des malades qui réclament leur assistance.

---

(1) Instruction générale du ministre des finances du 20 juin 1859 (art. 1111); circulaire du ministre de l'intérieur du 28 avril 1897.

Les autorisations nécessaires sont données, sauf le cas d'urgence, par l'administrateur de service.

Les prières publiques dans les salles sont formellement interdites.

Le casuel provenant de l'exercice du culte doit profiter aux établissements hospitaliers et entrer dans la caisse du receveur.

Le principe essentiel en cette matière, c'est que, dans tous les cas et dans tous les établissements, la liberté de conscience et l'égalité des cultes doivent être respectées. Le règlement de 1840 ne prévoyait l'intervention que d'un aumônier catholique : le texte nouveau ne connaît pas une telle restriction; il parle des ministres des différents cultes : voilà pour l'égalité.

Et voici pour la liberté. Le service des cultes sera organisé; l'accomplissement des pratiques religieuses sera donc possible à ceux qui les considèrent comme des devoirs. Mais il sera organisé de manière à ne pas s'imposer aux assistés qui ont des convictions différentes. Les prières publiques, les actes religieux collectifs, devront en conséquence être interdits dans les salles. Il a paru nécessaire au Conseil supérieur, et je partage sa manière de voir, que cette interdiction fût formulée dans le règlement, que chacun peut connaître, et dont chacun a le droit de se prévaloir; mais il ne pouvait être question de prohiber autre chose que les exercices religieux pratiqués d'une manière gênante pour ceux qui ne s'y associeraient pas. Si un certain nombre d'hospitalisés désirent faire ensemble leur prière, il appartiendra à l'administrateur de service d'autoriser ou non cette pratique suivant qu'elle lui paraîtra s'accorder ou non avec le bon ordre de chaque salle.

Il va de soi que dans la grande majorité des établissements c'est le service du culte catholique que la commission aura à organiser d'une manière permanente. Elle devra toutefois s'assurer en même temps et par avance le concours d'un pasteur et, si possible, d'un rabbin, pour le cas où des hospitalisés protestants ou israélites désireraient recevoir leur visite. Ceux-ci seront avisés de la faculté qu'ils ont d'appeler le pasteur ou le rabbin par une note lisible affichée dans les salles et à la bonne conservation de laquelle l'administrateur de service veillera.

Tout malade garde d'ailleurs le droit d'appeler auprès de lui un ministre autre que le prêtre catholique, protestant ou israélite ainsi désignés; dans ce cas, le ministre appelé par l'hospitalisé a son entrée dans l'établissement comme un parent ou un ami.

Aux termes de l'ancien règlement, l'aumônier devait exécuter gratuitement toutes les fondations. Cette obligation était formulée dans une circulaire ministérielle du 27 fructidor an XI qui la justifiait comme suit :

Les legs et donations n'étant faits souvent à ces établissements (hôpitaux et hospices) qu'à charge de dire des messes ou de remplir des œuvres pies, il importe que les arrêtés (arrêtés préfectoraux pris en exécution de l'arrêté ministériel du 11 fructidor relatif au traitement des aumôniers et frais de culte dans les hospices) imposent aussi (c'est-à-dire comme conséquence du principe que le casuel provenant de l'exercice du culte doit tourner exclusivement au profit des pauvres et se confondre avec la masse générale des revenus hospitaliers), par une disposition spéciale, aux aumôniers chapelains ou desservants, l'obligation d'exécuter gratuitement les fondations.

En fait, cette obligation a été souvent méconnue et maintes fois les inspecteurs généraux de l'assistance publique en ont fait la remarque. Il a semblé à mon administration qu'il y aurait lieu de la maintenir, mais en lui enlevant le caractère absolu qui pouvait lui être reproché dans certaines de ses applications. M. Cros-Mayrevieille, membre du Conseil supérieur de l'assistance publique, dit dans son *Traité de l'administration hospitalière* (1) :

Il est admis que l'aumônier exécute gratuitement les fondations religieuses dont l'établissement est chargé. Il pourrait cependant arriver que le nombre de ces fondations fût trop considérable pour que l'aumônier pût les exécuter, ou que cette condition réduisît trop son traitement en le privant du prix des messes qu'il pourrait dire. Dans ce cas, il faudra peser les charges de l'emploi et veiller à ce que l'aumônier ne soit pas victime de son désintéressement....

Je livre aux commissions administratives les indications qui précèdent. Elles devront toujours, quand des fondations religieuses existent, se rendre compte du nombre maximum des messes que le prêtre attaché à l'établissement sera tenu de dire gratuitement. Afin que le patrimoine des pauvres soit strictement respecté, vous aurez soin, monsieur le préfet, d'exiger que ce maximum soit précisé, et qu'il soit spécifié, en conformité du dernier alinéa de l'article, que d'une manière générale tout le casuel provenant de l'exercice du culte dans l'établissement appartient à l'établissement, sauf à ce dernier à indemniser le desservant en raison des obligations qu'il lui impose.

La nouvelle rédaction adoptée par le Conseil supérieur évite de parler d'aumônier ou de chapelain. Il est en effet possible que le service

(1) Page 93.

du culte soit organisé sans création d'emploi, par exemple au moyen de l'allocation d'une indemnité, soit à un ou plusieurs prêtres de la paroisse, soit à la fabrique. Dans certains établissements, l'espace est si restreint qu'il serait difficile de justifier l'affectation au logement d'un aumônier d'une partie des locaux hospitaliers. Dans d'autres, il semble impraticable d'imposer aux malades et aux mourants les incertitudes du service paroissial. Je me garderai donc de tracer ici une règle uniforme et absolue : la commission appréciera.

CHAPITRE IV

Tenue des livres et des registres.

Art. 22

La commission administrative fait tenir par ses employés :

un registre de ses délibérations, avec répertoire tenu à jour ;

un registre copie de lettres ;

un sommier des propriétés et des rentes appartenant aux hôpitaux et aux hospices ;

et, pour chaque établissement, un registre matricule de la population.

Ces divers livres et registres doivent être cotés et parafés par le vice-président de la commission administrative.

Note. — Dans les grands établissements, les registres peuvent être utilement complétés par un jeu de fiches.

J'ai indiqué plus haut, dans le commentaire de l'article 7, qu'il convenait de conserver, toutefois avec certaines modifications, les registres prescrits par les circulaires ministérielles des 8 février 1823 et 1er décembre 1862. Parmi ces registres, il en est un auquel le Conseil supérieur a attaché une importance particulière : c'est le registre matricule de la population hospitalisée. L'exacte tenue de ce document est en effet indispensable pour la bonne administration de l'établissement et pour le contrôle de ses comptabilités. Le nouveau règlement réduit à un seul par établissement les registres matricules de la population. Ce registre, pour les grands établissements où les entrées et les sorties sont nombreuses et fréquentes, sera utilement complété par un jeu de fiches qui facilitera les recherches ainsi que les statistiques de la population hospitalisée, dont l'insertion dans les comptes moraux procure de si intéressants éléments d'information et d'études. C'est donc afin d'aider à la tenue du registre matricule que le Conseil supérieur a désiré que le type en fût unifié et par suite simplifié. Vous en trouverez le modèle à la suite de la présente circulaire (annexe VII, p. 141).

Dans les petits établissements, le répertoire alphabétique placé à la fin du registre matricule suffira pour faciliter les recherches. Dans les grands établissements, le Conseil supérieur recommande le jeu de fiches qui est d'ailleurs d'un usage courant.

J'attache aussi une importance particulière à la tenue du sommier des propriétés et des rentes. La conservation du patrimoine hospitalier et l'affectation de ses différentes portions à leurs destinations respectives ne sauraient être entourées de trop de garanties (1).

Dans un ordre d'idées analogue vous voudrez bien rappeler aux commissions administratives qu'il importe d'assurer contre les risques d'incendie les bâtiments appartenant aux hospices.

Art. 23

Le receveur et l'économe doivent tenir, pour la gestion de leurs comptabilités respectives, les livres et registres prescrits par les instructions ministérielles.

Le receveur tiendra les registres prescrits par le décret du 31 mai 1862 et par l'instruction générale des finances du 20 juin 1859 dont il est parlé à l'article 8 ci-dessus.

L'économe tiendra les registres dont le modèle sera annexé au règlement spécial des économats visé à l'article 9.

L'un ou l'autre fonctionnaire auront à comprendre dans leur comptabilité

(1) La loi municipale du 5 avril 1884 contient l'article suivant qui montre la préoccupation constante du législateur de garantir soigneusement ces affectations :

Article 120. — *Les délibérations par lesquelles les commissions administratives chargées de la gestion des établissements publics communaux changeraient en totalité ou en partie l'affectation des locaux ou objets immobiliers ou mobiliers appartenant à ces établissements, dans l'intérêt d'un service public ou privé quelconque, ou mettraient à la disposition, soit d'un autre établissement public ou privé, soit d'un particulier, lesdits locaux ou objets, ne sont exécutoires qu'après avis du conseil municipal, et en vertu d'un décret rendu sur la proposition du ministre de l'intérieur.*

tout ce qui est recueilli au profit des pauvres de l'établissement; ainsi, les dons en nature, le produit des collectes, l'argent déposé dans les troncs que les administrateurs des hospices sont autorisés à faire poser dans divers lieux publics (1), devront être passés en écritures sous peine de constituer comptables occultes les personnes qui auraient participé à leur manipulation.

CHAPITRE V

Maladies et infirmités traitées dans les établissements hospitaliers.

Art. 24

L'hôpital reçoit à titre d'hospitalisés :

1° les malades civils, hommes, femmes et enfants, atteints de maladie aiguës ou chroniques quelles qu'elles soient, et les blessés ;

2° les malades militaires ou marins ;

3° les femmes enceintes :

4° les femmes en couches.

Note. — *Il peut, en outre, admettre à titre de malades externes, sans les hospitaliser et pour leur donner des traitements spéciaux, des malades susceptibles d'amélioration par ce genre de traitement, notamment ceux atteints d'affections cutanées aiguës ou chroniques.*

L'article 24 détermine la nature des affections traitées à l'hôpital.

L'hôpital doit recevoir des hospitalisés et peut admettre des malades externes.

Hospitalisés. — Ce sont les malades qui ont besoin du traitement hospitalier : les malades privés de ressources, hommes, femmes et enfants,

---

(1) Cette autorisation est inscrite à l'article 2 de l'arrêté du 5 prairial an XI, et l'article 4 du même arrêté porte que le produit des quêtes, des troncs et des collectes sera réuni dans la caisse de l'établissement.

atteints d'affections soit aiguës, soit chroniques, quelles qu'elles soient, reçus en exécution de la loi du 7 août 1851 (1) ou de la loi du 15 juillet 1893 (2); les militaires ou marins, reçus par application de la loi du 7 juillet 1877(3). Comme l'a fait remarquer la circulaire du 18 mai 1894, dans le commentaire de l'article 1er de la loi de 1893, les blessés sont, bien entendu, des malades. D'autre part, les femmes en couches sont, par cette dernière loi, assimilées à des malades (art. 1er), qu'il s'agisse de femmes mariées ou de filles-mères.

Le nouveau règlement, à la différence de l'ancien, ne spécifie pas que les vénériens, les galeux et les teigneux, doivent être reçus et soignés à l'hôpital; il se borne à l'indiquer implicitement en visant toutes les maladies « quelles qu'elles soient ». Une précision particulière a paru ici inutile. Les vénériens sont des malades; s'ils sont pauvres, il faut donc les soigner gratuitement, et s'ils ne peuvent être soignés utilement à domicile, il faut donc les hospitaliser; aucune autre considération ne peut être envisagée: le devoir prescrit par la loi de 1893 est absolu. Il convient cependant de distinguer, au point de vue de l'installation matérielle, les vénériennes astreintes par mesure de police à se faire soigner de celles qui réclament spontanément des soins médicaux. Ce serait un manque d'égards répréhensible que d'imposer à celles-ci la société des premières. A plus forte raison, devrez-vous vous opposer à ce que le service de vénériennes soit installé dans le même pavillon que certains services d'accouchement, comme celui des filles-mères. La maternité, y compris la section spéciale des femmes en couches contaminées, doit de préférence être rapprochée des services de chirurgie, tandis que le pavillon des vénériennes a sa place dans le voisinage des services de malades contagieux. Ce pavillon lui-même sera divisé en deux parties s'il est destiné à recevoir des filles publiques; celles-ci en effet seront isolées, sans que d'ailleurs leur isolement ait le caractère d'une incarcération.

En ce qui concerne les vénériens hommes, aucune distinction ne paraît devoir être faite entre eux; la plupart relèvent exclusivement du traitement externe et ceux qu'il est nécessaire d'hospitaliser seront généralement reçus dans les salles communes.

---

(1) La loi du 7 août 1851 forme l'annexe X (p. 151) de la présente circulaire.

(2) La loi du 15 juillet 1893 forme l'annexe XI (p. 155) de la présente circulaire.

(3) La loi du 7 juillet 1877 et le décret réglementaire rendu en l'exécution de cette loi forment l'annexe XII (p. 163) de la présente circulaire.

Ces indications laissent subsister la jurisprudence de mon administration en vertu de laquelle l'entretien des dispensaires de salubrité constitue une charge municipale. Cette jurisprudence est parfaitement conciliable avec la nouvelle obligation d'assistance qui existe depuis 1893 en faveur de toutes les personnes malades privées de ressources, et qui n'enlève rien de leur valeur aux précisions consignées dans le questionnaire hospitalier de 1888 sous les nos 123, 161 et suivants.

Quant aux teigneux et aux galeux, on ne saurait aujourd'hui leur faire la même situation qu'en 1840. Leur nombre est devenu moins considérable en raison des progrès de l'hygiène ou même simplement de la propreté; et, en outre, la thérapeutique s'est faite plus sûre, plus hâtive, et la maladie peut être guérie le plus souvent sans avoir recours à l'hospitalisation. Si cependant ce mode de traitement était nécessaire, les teigneux et les galeux seraient reçus à titre d'hospitalisés comme rentrant dans la catégorie générale des malades; on pourrait même, s'ils étaient assez nombreux, les grouper en service spécial.

Par contre, il faut maintenir le texte de l'ancien règlement relativement à l'obligation d'admettre à l'hôpital les femmes enceintes et ajouter à celles-ci les femmes en couches, en étant très large sur la manière d'interpréter ce terme: une insistance à cet égard est nécessaire. « Par un préjugé barbare, a dit au cours de la discussion de cet article M. Hermann Sabran, certains hôpitaux ne reçoivent pas les femmes qui viennent d'accoucher. » La loi de 1893 sur l'assistance médicale consacre, en termes exprès, les obligations de l'hôpital à l'égard des femmes en couches : mais comme ce n'est là qu'une assimilation légale, comme le terme *malades* n'est pas rigoureusement applicable à cette catégorie d'hospitalisées, il importe d'affirmer, dans le règlement, qu'elles seront recueillies.

Malades externes. — Ce sont les malades domiciliés dans la commune ou dans une commune peu éloignée, qui, pouvant se déplacer, profitent de l'installation hospitalière en allant chercher, dans l'établissement, des soins qui leur seraient moins facilement donnés dans leur demeure, par exemple, des bains-douches, des électrisations.

Les personnes atteintes de maladies cutanées, dont le règlement de 1840 formait une catégorie à part, pourront, en général, recevoir utilement le traitement externe.

Il en va de même pour d'autres affections chroniques de la peau, certaines maladies nerveuses, des maladies de la gorge, du larynx, des yeux, etc.

Le traitement externe est encore particulièrement indiqué pour les blessés qui peuvent aller se faire panser à l'hôpital ; ce mode d'assistance, moins coûteux que le traitement hospitalier proprement dit et qui combine heureusement l'assistance hospitalière et l'assistance à domicile, a été pratiqué avec succès par divers établissements de grande et de moyenne importance, parmi lesquels je citerai l'hôpital de Ham (Somme).

Le traitement externe ne doit pas être confondu avec la simple consultation, car à la consultation gratuite ne s'ajoute pas toujours la délivrance des médicaments ; l'hôpital qui ne prend pas à sa charge l'intégralité des frais du traitement externe risque de faire œuvre incomplète, surtout s'il ne se concerte pas avec le bureau de bienfaisance. Pour l'organisation du traitement externe, vous prierez les commissions administratives de s'inspirer de ce qui a été dit des dispensaires dans les fascicules 55 et 61 (1) des *Actes du Conseil supérieur de l'assistance publique*. Il est désirable que la pratique du traitement externe se généralise dans tous les centres importants, soit par l'hôpital, soit par le bureau de bienfaisance, soit mieux, comme cela a été fait à Rouen, par ces deux établissements agissant de concert. L'hospitalisation serait ainsi réservée aux cas graves, difficiles ou rebelles ; l'assistance à domicile ménagerait les ressources de l'assistance

---

(1) Il est désirable, dit le rapport formant le *fascicule* 55 (p. 101), que le malade prenne le remède sur place. Cette indication vise, par exemple, les remèdes dont le gaspillage est à craindre (les toniques), ceux que le malade hésiterait à absorber en raison de la répugnance qu'ils inspirent (huile de ricin, huile de foie de morue), les substances dont il serait dangereux de laisser entre les mains du malade la quantité nécessaire pour un traitement suivi (laudanum, morphine), et enfin celles qui pourraient faire l'objet d'erreurs mortelles (calomel, sublimé).

Il faut que dans les dispensaires les malades reçoivent les premiers soins que réclame leur état ; il faut donc que le mobilier médical, même réduit à sa plus simple expression, comprenne :

1° l'outillage indispensable pour l'établissement du diagnostic (sthétoscope, spéculum, lit ou plateforme d'examen, etc.) ;

2° les instruments et appareils nécessaires pour les soins ou opérations d'urgence (bistouris, sondes, pinces, seringues de Pravaz, etc.) ;

3° les pièces de pansement usuelles (coton hydrophile, gazes antiseptiques, linge, etc.) permettant de donner sur place des soins aux assistés demi-valides.

« Le dispensaire doit être en effet un poste de secours ouvert aux malades et aux blessés dont l'état n'exige ni l'hospitalisation ni la visite médicale à domicile.

Dans les villes où existe un hôpital, le dispensaire aura une utilité particulière s'il est organisé de façon à servir de lien entre le service médical à domicile et le service hospitalier. Il convient en effet de substituer, en cette partie de l'assistance médicale comme dans le reste, l'esprit de méthode aux fantaisies individuelles. »

Le rapport qui forme le *fascicule* 61 ajoute (p. 85) : « La question a été amplement discutée au congrès national tenu à Rouen et au Havre au mois de juin dernier et la

hospitalière, tout en demandant à cette dernière, quand il y aurait lieu, le secours d'une portion de son outillage.

Outillage hospitalier. — Cet outillage appartient soit aux services de médecine, soit aux services de chirurgie; diverses circulaires ministérielles vous ont renseignés sur les conditions de son installation.

En ce qui concerne la médecine, je vous rappelle ma circulaire du 22 avril 1898 relative aux laboratoires de radiographie ou de radioscopie et ma circulaire du 17 février 1899 sur les mesures à prendre dans les laboratoires de bactériologie. Je reproduis ci-après le texte de ces deux circulaires (annexes VIII et IX, pp. 145 et 147).

En ce qui concerne la chirurgie, vous trouverez dans l'extrait de ma circulaire du 18 mai 1894 reproduit ci-après (annexe III, p. 127) une note sur les salles d'opérations, où se trouve le devis de la salle d'opérations de l'hôpital de Chartres qui a paru mériter d'être citée comme modèle, tant à cause de son prix de revient très modéré (moins de 10.000 francs, mobilier compris) qu'à cause de sa bonne installation. D'autres types de salles d'opérations existent dans la plupart des hôpitaux de Paris, à l'hôpital Saint-André de Bordeaux, à la Charité et à l'Hôtel-Dieu de Lyon, à l'hôpital Sainte-Eugénie de Lille, dans les hôpitaux de Nancy, du Havre, d'Orléans, de Beauvais, de Saint-Germain-en-Laye, à la clinique chirurgicale des hospices d'Autun, etc.

---

discussion a abouti à l'adoption de la formule suivante : « Des dispensaires en nombre « suffisant et bien outillés seront créés. En dehors des cas d'urgence, le malade devra « être envoyé à l'hôpital par le médecin du dispensaire. » C'est la consécration par le congrès du principe protecteur des finances publiques, suivant lequel la transformation des conditions matérielles du traitement, c'est-à-dire le passage de l'assistance à domicile à l'assistance hospitalière, doit dépendre du médecin traitant et non d'un second praticien qu'il aura plu à l'assisté d'aller consulter. »

On peut rapprocher de ces indications celles consignées sous les numéros 234 et suivants du questionnaire de 1888. Ce document suggère les dispositions à prendre pour empêcher les contagions dans l'antichambre du cabinet de consultation. La contagion est surtout à craindre pour les enfants; aussi serait-il désirable d'avoir dans toutes les villes un dispensaire spécial d'enfants.

Je profite de l'occasion pour insister sur la nécessité d'avoir toujours un cabinet de consultation distinct de la salle d'attente des malades et de faire les consultations dans ce cabinet, de manière à ce que toutes les consultations aient un caractère individuel. Le jour n'est pas loin où la promiscuité de la consultation apparaîtra comme aussi barbare que nous apparaît aujourd'hui la promiscuité du couchage.

Dans les grands hôpitaux, le service des opérations chirurgicales doit former un quartier séparé comprenant :

1° salle d'opérations aseptique ;

2° chambres d'isolement, pour les grands opérés.

Il importe d'annexer à ce service, mais avec accès indépendant et personnel spécial, une salle de pansements qui est en réalité une seconde salle d'opérations dans laquelle seuls pénètrent les malades atteints de plaies infectées ou sur lesquels l'opération doit donner issue à des produits purulents ou infectieux (abcès, etc.).

Il va sans dire que toute salle d'opérations doit être munie d'appareils stérilisateurs pour les instruments et les objets de pansement (gazes, ouates, fils, etc.), que son aération et son chauffage doivent être combinés de manière à éviter l'introduction dans la salle des poussières de l'extérieur.

En général, on ne saurait avoir une bonne installation chirurgicale qu'autant que la responsabilité de chaque chef de service est directement engagée et qu'il ne peut pas la rejeter sur un autre. Pour cela, il faut que chaque chirurgien ait sa salle d'opérations. La chirurgie est souvent d'urgence : il ne faut pas que le chirurgien qui a une opération urgente à effectuer en soit empêché, parce que sa salle est occupée par un collègue. Même pour les opérations courantes, il est parfois préjudiciable au malade que son chirurgien soit limité à certains jours ou à certaines heures. Enfin et surtout, la préparation du matériel aseptique doit se faire sous le contrôle du chirurgien lui-même. Chacun peut avoir à cet égard ses préférences. L'un est plus méticuleux, l'autre l'est moins ; le second pourrait se laisser aller à faire dans la salle aseptique des opérations que le premier réserverait pour la salle septique ; celui-ci se plaindrait que celui-là infecte sa salle. La confusion des salles a pour conséquence la confusion dans l'éducation du personnel.

Si des hôpitaux ont fait des dépenses considérables pour établir des salles séparées et n'ont cependant obtenu que des résultats médiocres, c'est qu'ils ont négligé les conditions élémentaires de cette installation. Je pourrais citer tel grand établissement où les opérations se pratiquent dans des salles qui sont les antichambres de dortoirs d'hospitalisés. Une salle d'opérations très simple, mais où le chirurgien est maître de prescrire à son gré les mesures de propreté et de nettoyage, vaudra toujours mieux qu'une salle d'opérations commune.

Art. 25

L'hospice reçoit :

1° les vieillards indigents des deux sexes ;

2° les incurables et infirmes indigents des deux sexes.

Il peut admettre :

1° à titre temporaire, des enfants ;

2° à titre de pensionnaires, des vieillards valides ou incurables.

Note. — *Les hospices désignés par le préfet comme dépositaires, reçoivent, en outre, les pupilles de l'assistance publique, à quelque catégorie qu'ils appartiennent.*

Les hôpitaux et hospices reçoivent à titre tout à fait temporaire les aliénés de passage conformément à la loi du 30 juin 1838, mais il est à désirer que les malades présumés atteints d'aliénation mentale soient dirigés dans le plus bref délai sur l'asile d'aliénés le plus voisin.

L'article 25 détermine les catégories d'hospitalisés qui doivent ou peuvent trouver place à l'hospice.

Ce sont d'abord les vieillards indigents des deux sexes que l'âge rend impuissants à vivre de leur travail ; puis les incurables et infirmes des deux sexes, qu'il est indispensable de séparer selon qu'ils sont d'âges différents, mettant d'un côté les adultes et les vieillards, de l'autre les enfants.

L'enfance infirme a besoin d'une sollicitude toute particulière. Il convient de considérer ces enfants, dont le nombre est malheureusement grand : enfants arriérés, épileptiques, idiots, d'esprit faible, aveugles ou sourds, rachitiques ou mal formés, etc., comme formant une catégorie spéciale qui ne doit pas être confondue avec la généralité des infirmes et des incurables.

Ils ne doivent pas être confondus non plus avec les enfants valides qui peuvent trouver dans l'hospice un abri temporaire. Ces enfants valides sont les orphelins de père ou de mère, les enfants des détenus, ceux de familles nécessiteuses, que les hasards de la vie, les désastres, les sinistres, l'abandon, etc., peuvent amener à l'hospice.

Pour ces enfants valides, il ne peut être question que d'une hospitalisation temporaire. Des pensionnats ou externats pour l'instruction, gratuits ou payants, ne doivent pas être établis dans les hospices, ni y être annexés. Ce serait détourner les hospices de leurs attributions normales et de leur affectation légale. Ce serait presque toujours enlever e bien des pauvres à sa destination, l'expérience montrant qu'ordinairement les pensionnats annexés aux hospices leur coûtent plus qu'ils ne leur rapportent. La circulaire ministérielle du 31 janvier 1840 avait condamné cette fâcheuse et irrégulière pratique (sous l'article 59 de l'ancien règlement) : cette prescription ayant été parfois méconnue, il a paru nécessaire de la maintenir explicitement dans le règlement actuel. C'est un point sur lequel, monsieur le préfet, j'appelle tout particulièrement votre attention.

La note jointe à l'article rappelle que l'hospice désigné par le préfet comme dépositaire reçoit les pupilles de l'assistance publique, à quelque catégorie qu'ils appartiennent. Elle rappelle aussi que les hôpitaux et hospices reçoivent les aliénés de passage, conformément à la loi du 30 juin 1838, mais elle ajoute qu'il est extrêmement désirable que les malades présumés atteints d'aliénation mentale soient dirigés dans le plus bref délai sur l'asile d'aliénés le plus voisin.

Ma circulaire du 15 mars 1890 disait à ce sujet :

La loi de 1838 a obligé les hospices et hôpitaux à ouvrir pour les aliénés « un dépôt provisoire » analogue à celui que le maire doit, quand la commune est dépourvue d'hospice, assurer au malade dans une hôtellerie ou un lieu loué à cet effet. Il s'agissait alors de mettre fin à un abus choquant, celui de déposer les aliénés dans les prisons. C'est s'écarter à la fois du texte et de l'esprit de la loi que de laisser séjourner dans les hospices des malades qui ne doivent y trouver qu'un abri essentiellement temporaire.

Vous prendrez donc, monsieur le préfet, les mesures nécessaires pour que tout placement dans un hospice d'un malade présumé atteint d'aliénation mentale soit immédiatement signalé à votre administration ou à celle des sous-préfets, et qu'ensuite la durée du séjour de ce malade à l'hospice soit enfermée dans les plus étroites limites.

Mais le mieux sera toujours de diriger le malade, dès l'abord, sur l'asile spécial. Là seulement il peut trouver le personnel et le traitement appropriés à son état, et les trouver au moment où il est le plus nécessaire qu'il les trouve, où leur action peut être le plus efficace, je veux dire au début de la maladie...

La même circulaire signalait l'état défectueux de certaines installations hospitalières affectées aux aliénés de passage.

L'administration, à laquelle la loi a confié la surveillance des aliénés, ne saurait tolérer des installations telles que les a révélées l'enquête (1). L'aliéné est un malade qui doit être entouré de tous les soins, de tous les égards dus aux malades. Ce devoir n'est pas accompli, la morale et l'humanité sont également blessées, lorsque ce malade est jeté, comme une bête malfaisante, dans un cabanon dont on ne voudrait pas pour des animaux domestiques. La contradiction éclate entre ces deux termes : d'une part, l'état des cellules, ces « cachots » dont on justifie l'horreur par des arguments à peine acceptables s'il s'agissait d'y loger des fous furieux ; d'autre part, l'état des malades auxquels ces cellules sont destinées, malades placés en observation, c'est-à-dire sur la folie desquels l'incertitude plane encore.

Vous veillerez donc, monsieur le préfet, à ce que les cellules d'observation soient partout installées dans des conditions convenables. Il importe qu'elles soient suffisamment éloignées des salles de malades ou de vieillards ; qu'elles soient saines ; qu'elles cubent au moins 40 mètres ; que le sol en soit parqueté ; que leur porte soit pourvue d'un guichet de surveillance ; qu'elles puissent être largement éclairées, chauffées par un procédé extérieur ; qu'elles soient garnies d'un lit de fer, scellé sur place, à parois pleines, muni des fournitures appropriées à l'état du malade ; que, de jour et de nuit, elles puissent être surveillées.

Il n'est pas inutile de rappeler ces recommandations. Les récentes enquêtes auxquelles MM. les inspecteurs généraux de l'assistance publique ont procédé, les constatations faites par les délégués au contrôle des services de l'assistance médicale ne permettent pas de douter qu'il existe encore des établissements hospitaliers où les locaux recevant des aliénés sont loin de répondre aux exigences du programme ci-dessus exposé. Il faut que la cellule d'aliénés soit aménagée comme il convient pour le séjour de ces malades et que, sous aucun prétexte, on ne l'affecte momentanément à une autre destination, telle que chambre d'isolement ou salle mortuaire. Il faut que l'individu sequestré n'y soit pas abandonné la nuit loin de toute surveillance. Il est inadmissible qu'au-dessus de sa porte, on retrouve l'inscription barbare : « cabanon de fous » (2).

Le présent règlement ne prévoit pas l'admission, à titre de passagers, des voyageurs indigents dont le questionnaire 1888 s'est occupé sous le numéro 121. Il est, en effet, désirable que cette catégorie d'assistés soit reçue dans un asile de nuit plutôt qu'à l'hospice ou qu'à l'hôpital où ils peuvent apporter des germes d'épidémie ; mais, en attendant que ces asiles soient partout créés, l'humanité commande d'accueillir dans les hospices les

(1) Enquête faite le 11 février 1889 dans les établissements hospitaliers de chefs-lieux d'arrondissement par les sous-préfets, secrétaires généraux ou conseillers de préfecture délégués.

(2) Elle a été constatée récemment dans des constructions neuves.

indigents de passage. C'est pourquoi beaucoup de commissions hospitalières devront être engagées à consulter sur ce point le questionnaire susvisé et à s'inspirer de ses indications pour l'aménagement de locaux spéciaux destinés à héberger ces malheureux.

CHAPITRE VI

Nombre de lits assignés à chaque catégorie d'hospitalisés.

Art. 26

La distribution par services des lits existants ou possibles est fixée comme suit pour l'hôpital :

				MAXIMUM DES LITS
SERVICES NORMAUX	Service de médecine.		Hommes	
			Femmes	
			Enfants au-dessous de 13 ans	
	Service de chirurgie.		Hommes	
			Femmes	
			Enfants au-dessous de 13 ans	
	Affections contagieuses.	Isolement collectif.	Hommes	
			Femmes	
		Isolement individuel		
	Maternité.		Expectantes	
			Accouchées	
			Berceaux	
SERVICES SPÉCIAUX	Aliénés de passage ou en observation			
	Militaires et marins.		Officiers	
			Sous-officiers	
			Soldats	
	Vénériennes			
	Pensionnat de malades.	Salles communes.	Hommes	
			Femmes	
		Chambres séparées		
			Total maximum des lits	

NOTE 1. — *La répartition des ressources en lits d'hôpital est réglée comme suit :*

1° Nombre de lits spécialisés (premier alinéa de l'article 25 de la loi sur l'assistance médicale et dernier alinéa, *in fine*, du dit article) :			2° Nombre de lits affectés à l'exécution de la loi du 7 août 1851 (en principe 1 lit par 500 habitants ou fraction de 500).	3° Nombre de lits affectés à l'exécution de la loi du 15 juillet 1893 :	
Lits réservés en vertu de fondations spéciales (par exemple mis gratuitement à la disposition des communes voisines).	Lits réservés à l'exécution de conventions particulières (par exemple les conventions avec l'autorité militaire — loi du 7 juillet 1877).	Lits réservés à des services de malades spéciaux (enfants assistés, aliénés, vénériennes, etc.).		Lits restant disponibles au 15 juillet 1893 pour l'exécution de la loi sur l'assistance médicale gratuite.	Lits nouveaux provenant de constructions, ou d'appropriations, ou de désaffectations effectuées en exécution de la loi du 15 juillet 1893.
————	————	————	————	————	————

Les éléments de ce classement se trouvent dans le relevé qui a été fait en exécution de la circulaire du 17 août 1895 contradictoirement entre le représentant de la commission administrative et le délégué du préfet. Cette division tripartite est d'ailleurs dictée par le texte de l'article 25 de la loi du 15 juillet 1893.

Ce classement ne pourra être modifié qu'en vertu d'une délibération de la commission administrative approuvée par le préfet. Cette délibération devra justifier : 1° que la modification est utile ; 2° que l'installation proposée est suffisante ; 3° s'il y a création de lits, que l'entretien des nouveaux lits est assuré.

NOTE 2. — *Dans les hôpitaux à construire, le nombre des mètres carrés par lit doit être au minimum de 10, le nombre des mètres cubes doit être au minimum de 40. Dans les établissements existants, on devra se rapprocher autant que possible de ces quantités.*

NOTE 3. — *Faute d'emplacement convenable dans l'hôpital, les teigneux, les vénériens et les femmes enceintes peuvent être traités dans l'hospice.*

NOTE 4. — *Les hôpitaux et hospices qui n'auront pas constitué de quartier spécial pour traiter les aliénés seront tenus d'avoir un local particulier pour recevoir temporairement les individus qui seraient admis en vertu des articles 18, 19 et 24 de la loi du 30 juin 1838.*

NOTE 5. — *Le principe de la spécialité des établissements publics ne permet de réserver des lits aux malades payants qu'à titre exceptionnel et dans une faible proportion, l'hôpital et l'hospice étant par définition affectés aux pauvres. D'ailleurs, le terme* pauvre *n'implique pas l'absence totale de ressources. Il doit être entendu largement. L'on rencontre des vieillards qui n'ont pas assez de bien pour satisfaire, sans la mendicité, aux exigences de la vie isolée, et qui en ont assez, ou presque assez, pour subvenir aux dépenses de la vie en commun dans un établissement hospitalier.*

D'autre part, les hôpitaux peuvent recevoir, dans des locaux spéciaux et moyennant un prix suffisamment rémunérateur pour que le bien des pauvres ne puisse pas être compromis :

1° des malades atteints de maladies contagieuses, soit étrangers à la commune, soit appartenant à la commune mais logés dans des conditions telles qu'ils ne peuvent pas être soignés à domicile utilement pour eux-mêmes ou sans péril pour autrui;

2° des malades étrangers de passage atteints de maladies soit chirurgicales, soit médicales, lorsqu'il n'existe pas dans la commune de maison de santé ;

3° des malades habitant la commune, dont le cas nécessite une opération grave, quand il sera constaté qu'il est impossible de la faire dans des conditions satisfaisantes, soit à domicile, soit dans une maison de santé.

Les malades faisant l'objet d'une des trois exceptions qui précèdent seront admis dans des chambres ou salles payantes, moyennant un prix variable, toujours élevé et très supérieur au prix de revient. Le paiement du prix de journée, fixé dans ces conditions par la commission administrative, leur incombera pour toute charge.

A l'avenir, le préfet n'approuvera aucune délibération par laquelle une commission administrative créerait une chambre ou une salle payante sans en avoir référé au ministre de l'intérieur.

Cet article s'occupe de la détermination du nombre de lits et de leur affectation aux diverses catégories de malades. Il fixe ainsi, au point de vue matériel, la puissance de l'action hospitalière et règle les conditions de l'assiette de l'établissement suivant les ressources en lits, l'étendue des locaux et l'importance des revenus dont dispose la commission administrative.

Une première division essentielle, qui doit exister dans tous les hôpitaux, et qui devra se retrouver dans tous les hospices, consiste à distinguer les services normaux ou essentiels des services spéciaux ou accessoires.

Un établissement ne saurait prétendre au titre d'hôpital s'il ne possède à la fois un service de médecine, un service de chirurgie, un service d'isolement des affections contagieuses et un service de femmes en couches. Sans doute, chacun des deux premiers services comportera une subdivision : il lui faudra au moins deux salles, l'une pour les hommes, l'autre pour les femmes et, s'il est possible, une troisième pour les enfants ; mais la séparation des sexes, qui se fait d'ailleurs d'une manière convenable dans tous les établissements (1) devra être dominée par la séparation des services,

(1) Le tableau ne prévoit pas la séparation des sexes dans les services d'isolement individuel par cette raison que chaque malade y a sa chambre particulière dont il ne doit pas sortir sans la permission du médecin.

trop souvent incomplètement réalisée. Il est désirable que ce classement soit considéré comme un *minimum* convenant à la plupart de nos hôpitaux, mais ne suffisant pas aux établissements importants. Dans les services spéciaux surtout, il y aura souvent lieu de prévoir des groupements plus nombreux, bien définis, pour les maladies vénériennes, les affections de la peau, des yeux, la gynécologie, etc., confiés à des médecins titulaires qui en font leur spécialité.

Il en sera de même, en une certaine mesure, dans les services normaux où les affections contagieuses pourront fournir des services distincts, par exemple pour la diphtérie, la scarlatine, etc. A cet égard, j'ai à peine besoin de faire observer qu'on devra s'inspirer uniquement de l'intérêt des malades sans méconnaître les nécessités de l'enseignement médical, des progrès duquel les hospitalisés sont les premiers à profiter.

La distribution par services des lits existants ou possibles, telle qu'elle est réglée par le texte de l'article, doit se compléter, ainsi que le précise la note 1, par une répartition des ressources en lits d'hôpital destinée à dégager du total des *lits matériels* ceux dont l'entretien est assuré d'une façon ou d'une autre. Si le nombre de ces derniers dépassait le total des lits matériels, il s'en suivrait un excédent de *lits virtuels* justifiant l'acquisition d'un mobilier supplémentaire (1), et même des constructions nouvelles dans les cas où les locaux seraient insuffisants; mais le contraire est plus probable. Dans presque tous les hôpitaux, les ressources manquent pour l'entretien des lits que l'établissement peut contenir, et il importe que les commissions administratives n'admettent des malades dans les lits non entretenus qu'autant que le remboursement des frais de traitement sera préalablement assuré. A cet effet, il devra toujours être réservé assez de lits soumis à l'application de l'article premier de la loi de 1851 pour faire face aux nécessités normales de l'admission d'urgence.

Les éléments de ce classement tripartite en lits spécialisés, en lits affectés à l'exécution de la loi du 7 août 1851 et en lits affectés à l'application de la loi du 15 juillet 1893 se trouvent dans le relevé qui a dû être fait, conformément à l'article 25 de cette dernière loi et à la circulaire du

---

(1) Vous devrez, à ce propos, recommander aux administrateurs des hospices d'apporter, lors de leurs acquisitions de mobilier, beaucoup de soin au choix des différents meubles des salles. Vous leur représenterez qu'un établissement aménagé d'une façon moderne ne doit avoir dans ses salles que des lits en fer sans paillasses, et vous insisterez pour qu'on n'achète jamais de sommiers à caisson dont la disposition a le grave inconvénient de ne pas permettre un nettoyage radical.

17 août 1895, contradictoirement entre le représentant de la commission administrative et le délégué de votre administration.

Le classement ne peut être modifié qu'en vertu d'une délibération de la commission administrative approuvée par le préfet. Vous voudrez bien m'aviser le plus tôt possible des approbations de ce genre que vous aurez cru devoir donner pour me permettre de tenir à jour l'état général du recensement des lits d'hôpital que conserve mon administration.

Le Conseil supérieur a très justement indiqué dans la note 2 que dans les établissements existants on doit se rapprocher autant que possible des quantités d'air reconnues nécessaires pour les constructions neuves (10 m. q. de superficie, 40 m. c. d'air). Sans doute, il serait très simple de supprimer, dans chaque salle, l'excédent de lits qui empêche d'obtenir le cube d'air désirable, et c'est ce qui devra être fait lorsque la chose sera possible. Mais il arrivera que l'on manque de place pour installer les mêmes lits dans d'autres salles et que ces lits soient nécessaires pour recevoir les malades dont l'établissement a la charge. Dans ce cas, une construction supplémentaire s'impose. En attendant, il faudra s'efforcer de se rapprocher du cube d'air désirable, enlever des salles tous les objets qui peuvent en être distraits, et apporter à l'encombrement des palliatifs, tels qu'une aération fréquente et des procédés de ventilation perfectionnés. Dans maints petits établissements il suffira, pour avoir le cube d'air qui convient, de rendre à leur destination des salles dont les lits ont été retirés quelquefois sous des prétextes peu avouables, par exemple, pour obtenir une économie de chauffage ou une simplification du service.

Les dangers de l'air confiné ne résultent pas exclusivement de l'étroitesse des locaux; ils peuvent aussi avoir pour cause des défectuosités de construction, soit que les salles se trouvent disposées bout à bout sans paliers de séparation ou côte à côte avec fenêtres d'un seul côté, soit que l'emplacement des ouvertures empêche de ranger les lits de façon que l'air circule autour de chacun d'eux. Dans tous les cas, il conviendra de veiller à ce que la masse d'air toute entière se renouvelle facilement; en conséquence, les rideaux de lit seront absolument proscrits.

La note 3 autorise le maintien dans les hospices de certains services spéciaux qui sont incontestablement des services d'hôpital, mais que le défaut d'emplacement n'a pas permis d'y installer. C'est ainsi que plusieurs départements ont pris l'initiative de créer et d'entretenir des services de maternité ou des services de vénériennes, et les ont installés dans l'immeuble déjà partiellement occupé par un asile départemental de vieillards ou d'incurables. Une telle disposition ne saurait être blâmée si elle est commandée par des nécessités matérielles et si la distinction des quartiers est suffisante. Le département de Meurthe-et-Moselle possède à Nancy un service de vénériennes qui peut être cité comme modèle.

La note 4 a trait aux cellules destinées à recevoir les aliénés de passage. J'ai traité cette question dans le commentaire de l'article 25 en expliquant les raisons de la note qui l'accompagne.

La note 5 traite une question d'extrême gravité, c'est celle de savoir dans quelle mesure les malades payants peuvent être admis dans un hôpital public.

L'hôpital est, par définition, affecté aux malades *pauvres*. Le Conseil supérieur a insisté avec force sur le principe dans cette note 5. Dans un hôpital, il ne doit donc être réservé des lits aux malades payants « qu'à titre tout à fait exceptionnel et dans une faible proportion ».

Les seuls cas où les hôpitaux peuvent être admis à recevoir des personnes aisées sont au nombre de trois. Il importe de répéter dans ce commentaire la définition de ces trois catégories d'exceptions :

1° malades atteints de maladies contagieuses, soit étrangers à la commune, soit appartenant à la commune mais logés dans des conditions telles qu'ils ne peuvent pas être soignés à domicile utilement pour eux-mêmes ou sans péril pour autrui ;

2° malades étrangers de passage, atteints de maladies soit chirurgicales, soit médicales, lorsqu'il n'existe pas dans la commune de maison de santé ;

3° malades habitant la commune, dont le cas nécessite une opération grave, quand il sera constaté qu'il est impossible de faire une opération dans des conditions satisfaisantes, soit à domicile, soit dans une maison de santé.

Cette troisième hypothèse d'admission des malades payants a été adoptée par le Conseil supérieur de l'assistance publique dans sa séance du 16 mai 1899. Elle se justifie comme les deux autres par la force des choses et par des considérations d'humanité. Néanmoins, en en tenant compte, il ne faut jamais perdre de vue que l'hôpital est réservé en principe et tout d'abord aux malades pauvres. Il ne doit pas dégénérer, même partiellement, en maison de santé.

C'est pourquoi, sentant le péril des exceptions qu'il avait acceptées, le Conseil supérieur les a immédiatement renfermées dans d'étroites limites.

Afin que les malades aisés ne fussent pas tentés d'abuser de l'hôpital, il veut que le prix de journée pour les malades payants soit « toujours élevé et très supérieur au prix de revient » (1). Afin que les médecins et chirurgiens n'aient pas intérêt à y envoyer leurs clients, il veut que le paiement de ce prix de journée incombe au malade payant pour toute charge. Afin que la commission administrative elle-même ne se laisse pas aller à transformer l'hôpital en maison de santé, il veut qu'aucune partie de la maison hospitalière ne puisse désormais devenir payante sans mon assentiment.

Vous saisirez sans peine, monsieur le préfet, l'importance de ces trois restrictions. Si elles sont scrupulement observées, les malades payants peuvent être admis dans les cas exceptionnels définis par le Conseil supérieur. Mais si elles devaient être négligées, mieux vaudrait interdire d'une manière absolue, quels que puissent être les inconvénients de cette prohibition, l'entrée des malades payants dans les hôpitaux. Vous veillerez à ce que les commissions administratives qui auront des lits payants, soit dans les chambres, soit dans les salles, fixent à un taux élevé le prix de journée pour ces lits. S'il leur convient de conclure des arrangements particuliers avec les médecins ou chirurgiens pour la rémunération des soins donnés aux occupants de ces lits, elles peuvent le faire et tenir compte de ces arrangements dans la fixation du prix de journée, mais le malade payant y reste étranger; une fois le prix fixé, il doit savoir que ce prix comprend tout, honoraires de médecins, de chirurgiens ou de sages-femmes, aussi bien que médicaments, logement et nourriture. Enfin, vous ferez connaître aux commissions qu'aucune nouvelle chambre payante ne doit être installée, qu'aucun lit dans les salles ne doit devenir payant sans que la question ait été soumise à votre approbation, et vous devez m'en référer, en exposant le nombre des lits existants et la population desservie, et en me montrant, si vous concluez à l'approbation, comment la mesure proposée ne modifiera pas le caractère essentiel de l'hôpital, les malades payants ne devant, après la réalisation du projet, y être admis, pour terminer sur ce point comme j'ai commencé, en citant les termes mêmes employés par le Conseil supérieur, « qu'à titre exceptionnel et dans une faible proportion ».

---

(1) Il ajoute qu'il doit être variable. Il veut dire que les prix différeront suivant la nature des chambres et suivant les catégories de pensionnaires, par exemple, malades ou blessés. Mais, pour chaque catégorie ou pour chaque nature de chambre, le prix sera fixé une fois pour toutes par une délibération soumise à votre approbation. Il serait mauvais que chaque admission donnât lieu à une transaction particulière, à une sorte de marchandage.

Art. 27

La distribution par services des lits existants ou possibles est fixée comme suit pour l'hospice:

				MAXIMUM DES LITS
SERVICES NORMAUX	Vieillards valides.	Hommes		
		Femmes		
	Infirmes et incurables.	Adultes	Hommes	
			Femmes	
		Enfants	Garçons	
			Filles	
SERVICES SPÉCIAUX	Aliénés de passage ou en observation			
	Enfants assistés		Garçons	
			Filles	
	Enfants recueillis temporairement		Garçons	
			Filles	
	Pensionnat de retraite (1).	Salles communes	Hommes	
			Femmes	
		Chambres séparées		
	Quartier d'aliénés			
			Total maximum des lits	

Note 1. — *Dans les hospices à construire, le nombre des mètres carrés par lit devra être de 8 et le nombre des mètres cubes de 24. Dans les établissements existants, l'on doit se rapprocher autant que possible de ces quantités.*

Note 2. — *Les services des enfants assistés proprement dits (pupilles de l'assistance départementale) n'existent que dans les hospices désignés par le préfet comme hospices dépositaires.*

Cet article règle la distribution, par services, des lits existants ou possibles à l'hospice.

De même que pour l'hôpital et en dehors des services normaux ou essentiels (vieillards, infirmes et incurables), il paraît utile de prévoir des services spéciaux ou accessoires: ce sont les installations destinées au séjour des

(1) Voir la note 5 sous l'article 26.

aliénés de passage, les dépôts ou asiles d'enfants, les pensionnats de retraite d'hospitalisés payants.

J'ai déjà parlé des pensionnats de retraite à l'occasion de l'admission dans les hôpitaux; je rappelle le caractère exceptionnel de ces hospitalisations. A la vérité, l'exception peut être ici quelque peu élargie, les obligations actuelles de l'hospice étant, moins étroitement que celles de l'hôpital, limitées aux personnes privées de toute ressource. L'assimilation, à ce point de vue, entre l'hospice et l'hôpital, ne deviendra même pas complète le jour où la loi étendra le principe de l'assistance obligatoire aux vieillards, aux infirmes et aux incurables. Il arrive, en effet, qu'un malade peu aisé ne recoure pas à l'assistance publique; il compte sur l'effort qu'il fera, une fois guéri, pour s'acquitter des dettes contractées durant sa maladie. Le vieillard, frappé d'invalidité définitive, ne peut avoir cette espérance; dès qu'il lui manque quelque chose pour vivre, il doit être secouru, et si, pour une raison quelconque, il ne peut l'être à domicile, il doit être hospitalisé. Il va de soi d'ailleurs que les administrations des hospices doivent toujours avoir présente la règle de la spécialité des établissements; nulle part ils ne songeront à substituer une sorte de pension de famille à l'asile institué pour recueillir et entretenir les pauvres.

Une note jointe à l'article indique l'espace minimum qui devra être réservé, dans les constructions neuves, à chaque lit d'hospice (8 mètres carrés de superficie et 24 mètres cubes d'air). Elle ajoute, comme il a été fait pour les hôpitaux, que, dans les hospices existants on devra se rapprocher autant que possible de ces quantités, et je signale cette prescription à l'attention des commissions administratives. Pour les vieillards comme pour les malades, il convient d'éviter l'encombrement qui détruit ou diminue les bonnes conditions d'hygiène de l'établissement. La commission améliorera la situation en supprimant dans les dortoirs les placards, étagères, tableaux ou meubles superflus; tous ces objets, non seulement diminuent le cube d'air, mais sont des nids à poussière et à germes dangereux. Les vêtements de rechange des hospitalisés doivent être rangés dans un vestiaire et non placés dans l'endroit où ils couchent. Les lavabos doivent être organisés de telle sorte que chaque vieillard ait sa cuvette et ses objets de toilette personnels. En outre, il est indispensable de mettre à la disposition de chaque vieillard une petite armoire ou un tiroir dont il aura la clef. Il est déjà assez dur que les malheureux âgés, par cela seul qu'ils sont malheureux, soient astreints à la vie commune. Cette nécessité, très pénible pour certains, doit être atténuée dans toute la mesure possible. En outre, ayant ce tiroir à leur disposition, les hospitalisés seront moins tentés de faire ce qu'ils font presque partout, je veux dire d'entasser des objets de toute nature, souvent fort sales, dans leur table de nuit. L'administrateur de service devra s'opposer à cette pratique, mais on comprend qu'il ne peut s'y opposer qu'autant que quelque autre moyen de serrer leurs affaires aura été fourni aux hospitalisés. Et puisque je parle des tables de nuit, je saisis cette occasion pour dire que celles-ci, sous peine de devenir nauséabondes et peut-être même nocives, doivent être constamment aérées. Dans certains hôpitaux, on a eu l'idée de ne les fermer que de deux côtés sur quatre, l'un des côtés ouverts étant tourné vers le lit : le système est bon, à la condition, qui devrait d'ailleurs être toujours observée, qu'après avoir *vidé et nettoyé* le vase de nuit, on y mette toujours et on y maintienne un peu d'eau.

Ces détails paraîtront minutieux. Ils importent cependant au bien-être en même temps qu'à la santé des hospitalisés. A l'hospice comme à l'hôpital, on doit considérer la quantité et la pureté de l'air comme les premiers et les plus utiles auxiliaires de l'assistance publique.

L'article n'indique pas que des salles seront réservées pour les malheureux atteints de gâtisme ou d'infirmités repoussantes, dont le voisinage est de nature à incommoder gravement leurs voisins de lit ; ce sera la matière d'un sous-classement des infirmes et des incurables qui devra être adopté dans tous les grands établissements. Dans les petits hospices, on sera forcé de se borner, pour ne pas compliquer le service, à placer les malades malpropres dans des lits particuliers et à les entourer de soins de propreté très assidus.

Une deuxième note a trait aux enfants assistés ; ainsi que la remarque en a déjà été faite, il convient de séparer absolument à l'hospice les enfants des adultes et, en outre, les enfants infirmes et incurables des autres enfants (assistés ou recueillis temporairement), en n'oubliant pas que la séparation ne sera complète qu'autant que chaque catégorie d'assistés aura sa cour de récréation ou son promenoir spécial. Une telle séparation est loin d'être irréalisable ; on peut citer à cet égard l'exemple de l'hôpital-hospice de Tourcoing.

Il convient également d'avoir, dans les hospices dépositaires, une crèche ou quartier de tout jeunes enfants dont l'installation a besoin d'être très soignée à cause de la facilité avec laquelle la maladie et la mort frappent ces frêles existences. Pour l'aménagement et pour le fonctionnement de la crèche, on se reportera avec profit aux n°s 168 et suivants du questionnaire hospitalier de 1888, au décret du 2 mai 1897, à l'arrêté ministériel du 20 décembre de la même année et à la circulaire interprétative du 6 novembre 1898.

CHAPITRE VII

Admission et renvoi des malades, des vieillards, des infirmes, des incurables et des enfants.

Art. 28

L'admission des malades hospitalisés en vertu de la loi du 7 août 1851 n'est accordée, hors le cas d'urgence, que sur la présentation d'un certificat de l'autorité compétente, attestant que le malade est privé de ressources, et d'un certificat d'un médecin connu dans la localité (1). *Ce certificat doit indiquer la nature de la maladie.*

Dans le cas où un certificat n'aurait pas été donné par le médecin de l'établissement, l'état du malade sera vérifié dans les vingt-quatre heures par ce praticien.

Les formalités exigées, disait la circulaire ministérielle du 31 janvier 1840, sont nécessaires pour éviter les abus qui pourraient naître d'admissions trop faciles, surtout dans les grandes villes, où la commission administrative et les employés ne peuvent pas connaître tous ceux qui recourent à la charité publique.

Le règlement de 1840 exigeait que « le certificat de l'autorité compétente » indiquât que le postulant est « indigent ». Le texte nouveau substitue au terme *indigent* celui de *privé de ressources*, qui est le terme qu'emploie la loi de 1851. C'est aussi le terme qu'emploie la loi du 15 juillet 1893. On peut être privé de ressources justement par la maladie qui nécessite l'hospitalisation sans être pour cela classé parmi les indigents.

L'article 28 reproduit l'exception qui figurait dans l'ancien règlement relativement aux cas d'urgence. Il importe que l'admission d'urgence reste une exception; les circonstances particulières qui l'accompagnent doivent être relatées pour la justification du médecin ou de la surveillante qui aura engagé sa responsabilité aux lieu et place de l'administrateur de service. Un rapport sommaire sera établi à cet effet pour chaque espèce, indiquant par exemple que l'hospitalisé a été victime de tel accident à tel

(1) La loi du 7 août 1851 est reproduite à la suite de la présente circulaire (annexe X, p. 151).

endroit, qu'il a été apporté par telles personnes ou qu'il s'est présenté dans tel état de maladie qui ne permettait pas d'ajourner son admission sans péril. La commission administrative agira même prudemment, pour éviter des justifications conçues en termes généraux, en exigeant que l'on précise les conséquences fâcheuses qu'aurait pu avoir l'ajournement de l'admission. En fin d'année, il conviendra de faire la récapitulation des admissions d'urgence afin de rendre raison de leur fréquence relative dans le compte moral de l'établissement et de s'assurer, par la comparaison de leur nombre avec le total des admissions, qu'il n'y a pas tendance abusive à généraliser l'exception.

L'admission en vertu de la loi du 7 août 1851 donne lieu parfois à des difficultés d'appréciation très délicates; pour résoudre les questions d'espèces, les administrations s'inspireront des principes posés dans le premier rapport général sur l'assistance médicale, qui forme le fascicule 55 des *Actes du Conseil supérieur de l'assistance publique*. Ce document contient notamment la précision suivante (page 158):

Le terme « tomber malade » doit être bien compris. Il marque le point précis de la maladie où l'hospitalisation devient nécessaire. Il ne désigne donc ni le point de départ de la maladie, si à ce moment le malade n'avait pas besoin d'être hospitalisé, ni l'ensemble de la période pendant laquelle l'hospitalisation a été nécessaire.

Un hôpital ne serait pas justifié à repousser un malade sous prétexte que celui-ci aurait apporté d'une autre commune le germe de sa maladie, si la nécessité de l'hospitalisation ne s'est révélée que dans la commune où est situé cet hôpital: un malade atteint de fièvre typhoïde ne tombe malade que du jour où la fièvre se déclare et non du jour où a commencé l'incubation du mal; une femme enceinte ne devient assimilable à un malade que du jour où se manifestent les premiers symptômes de ses couches et non au commencement de sa grossesse.

Inversement, un hôpital ne saurait être contraint de recueillir un malade, s'il est établi que la nécessité d'hospitaliser ce malade s'est révélée ailleurs, sur le territoire d'une commune pourvue d'un hôpital: il est malheureusement arrivé plus d'une fois qu'un établissement hospitalier a refoulé sur une commune pourvue elle-même d'un hôpital un malade incomplètement guéri et dont il trouvait ainsi le moyen de se débarrasser.

Avant la loi de 1893, le premier hôpital pouvait objecter qu'il avait dépassé ses obligations légales en recevant ce malade, qu'il ne l'avait reçu que pour obéir à un sentiment d'humanité et qu'il jugeait avoir pris une part suffisante à l'acquittement de cette dette morale. Mais aujourd'hui, cette réponse ne serait plus acceptable, puisqu'il y a nécessairement une collectivité obligée à l'assistance et que la dette morale est devenue une dette légale. Le premier hôpital, s'il n'était pas placé sous l'obligation de la loi de 1851, ne devait donc recevoir le malade que dans les conditions prévues par la loi de 1893, qui lui assurait le remboursement de ses frais. Dès lors, il n'est plus excusable de ne pas garder le malade jusqu'à sa guérison.

Art. 29

L'admission des malades hospitalisés en vertu de la loi du 15 juillet 1893 est accordée, hors les cas d'urgence, sur la présentation d'un certificat médical délivré par le médecin de l'assistance à domicile et attestant la nécessité du traitement hospitalier (1). Ce certificat doit être contresigné par le maire, président du bureau d'assistance ou par son délégué.

L'article 29 rappelle les dispositions des articles 1 et 3 de la loi de 1893, articles dont la portée a été précisée par la circulaire ministérielle du 18 mai 1894 (pp. 3 et 7) et celles des 17 août 1895 et 23 novembre 1897.

Cet article reproduit, lui aussi, l'exception concernant les cas d'urgence. La loi l'a consacrée pour l'admission au secours médical; le Conseil supérieur a été d'avis que la commission administrative doit par son règlement l'étendre à l'hospitalisation. Il l'a fait en prévision de certains cas, nécessairement très exceptionnels, où la rigueur des règles doit fléchir devant des considérations supérieures d'humanité. L'attention des commissions doit d'ailleurs se porter sur le danger des abus qu'on a toujours à redouter en cette matière. Ils sont plus à craindre par elles dans l'exécution de la loi de 1893 que dans celle du 7 août 1851. En effet, dans la pratique de la loi de 1851, les remboursements que peut espérer l'hôpital sont rares et la rentrée des fonds se fait en général sans difficulté, les débiteurs, non tenus d'une obligation stricte, payant sans discuter la dépense qu'ils ont volontairement acceptée. Mais l'hôpital qui recevrait un bénéficiaire de la loi de 1893 en dehors des formalités légales s'exposerait à ce que ce défaut de forme lui fût opposé le jour où il réclamerait les frais de traitement. Les collectivités débitrices de l'assistance sont fondées à limiter leurs remboursements à ce que la loi exige expressément; or la loi exige que les formalités de l'article 3 soient remplies pour que la créance de l'hôpital soit valable. L'administrateur de service ne devra donc admettre d'urgence les malades n'appartenant pas à la commune où est situé l'hôpital qu'avec une extrême prudence. Il est cependant des cas où il ne pourra pas ne pas le faire. Un homme est écrasé par une voiture sur le territoire d'une commune voisine; on l'amène à l'hôpital en déclarant qu'il appartient au service de l'assistance, mais que le temps a manqué pour obtenir le certificat de médecin et le visa du maire. Cet homme sera admis, mais

(1) La loi du 15 juillet 1893 est reproduite à la suite de la présente circulaire (annexe XI, p. 155).

immédiatement l'administrateur fera toute diligence pour que les pièces faisant défaut soient fournies. S'il lui apparaissait que le maire de la commune intéressée ou le médecin de l'assistance à domicile apportent quelque mauvais vouloir à cette régularisation nécessaire, il agirait prudemment en avisant le préfet qui pourrait peut-être procéder en temps utile à la mise en demeure prévue par l'article 85 de la loi municipale (1).

Il est d'autant plus important que ces régularisations soient faites que, quelles que soient les circonstances de l'admission, le malade reçu à l'hôpital doit y être gardé et soigné jusqu'à complète guérison. Si le représentant de l'établissement a eu quelque peu la main forcée quand il l'a reçu, il serait indigne de lui de paraître prendre une sorte de revanche sur le malheureux en s'en débarrassant trop tôt, d'autant qu'il y aurait dans de telles circonstances peu de chances que celui-ci trouvât ailleurs le complément de soins qui lui est nécessaire; dans ce cas, c'est le médecin qui interviendra pour empêcher une sortie prématurée. Il ne serait pas moins fâcheux de voir un médecin renvoyer trop tôt un malade parce qu'il a besoin de son lit pour un malade scientifiquement plus intéressant; dans ce cas, c'est l'administrateur qui s'interposera. D'une manière générale, comme il est dit dans un des rapports sur l'exécution de la loi de 1893 (2), « si c'est un fait scandaleux qu'une commune obligée de secourir un pauvre l'abandonne, c'est un fait plus scandaleux encore qu'un établissement de bienfaisance repousse, à un moment donné, le malade qu'il a commencé de secourir. » J'aurai l'occasion de revenir sur ce sujet lorsque je traiterai, en faisant le commentaire de l'article 36, des secours de convalescence et des secours de route.

Art. 30

L'admission est prononcée par l'administrateur de service; il prend, autant que possible, l'avis du médecin de l'établissement.

En cas de refus de l'administrateur de service d'admettre un malade qui a le droit d'être admis, alors que les ressources de l'établissement permettraient de le recevoir, l'admission peut être prononcée par le préfet, au compte de qui de droit.

---

(1) Le texte de cet article est reproduit ci-dessus (note de la page 4).

(2) *Actes du Conseil supérieur*, fasc. 61, p. 46.

Dans son rapport, M. Drouineau insiste sur ce point que l'admission par application de la loi de 1851 est le fait de l'administrateur de service, que celui-ci, tout en s'appuyant sur l'attestation médicale, demeure néanmoins seul juge de la possibilité d'admettre le malade. Ce pouvoir dévolu à l'administrateur « ne doit pas, écrit le rapporteur, porter ombrage au corps médical qui proteste souvent, mais à tort, contre les refus opposés aux demandes d'admission qu'il formule. Le devoir de l'administrateur est ici très net; il ne peut admettre de malades qu'autant qu'il a conscience de pouvoir les loger et les nourrir sans porter atteinte aux conditions matérielles des autres malades. Le médecin le renseigne, lui fournit un élément d'appréciation, mais cet élément n'est pas le seul en cause. C'est là ce qu'il importe de ne pas perdre de vue dans le règlement d'abord et ensuite dans la pratique ».

Il a paru au Conseil supérieur qu'il était sage de prévoir ici le cas, tout exceptionnel, où l'administrateur de service refuserait d'admettre un malade qui a le droit d'être admis. En prévision de cette hypothèse, il est bon que le règlement reconnaisse au préfet la possibilité de prononcer l'admission. Sans doute, en vertu du droit de police générale et d'ordre public, le préfet pourrait quand même contraindre la commission administrative à exécuter la loi; mais l'insertion au règlement d'une disposition précise préviendra toute possibilité de conflit. Le préfet alors ne prononcerait l'admission qu'au compte de qui de droit; la détermination du débiteur définitif de la dette d'assistance hospitalière serait faite ultérieurement. Ce qu'il importe d'assurer, sans un retard qui peut être dangereux, c'est l'hospitalisation du malade pour qui les secours hospitaliers sont nécessaires. Il faut, bien entendu, que les ressources de l'établissement permettent de recueillir le malade, non seulement les ressources en argent, ce qui limiterait la réserve aux malades de la loi de 1851, mais encore les ressources en lits, ce qui permet de l'étendre aux malades de la loi de 1893.

Je rappelle d'ailleurs qu'à cet égard comme aux autres, les femmes en couches sont assimilées à des malades. Un établissement hospitalier ne serait pas justifiable de leur fermer ses portes en alléguant qu'il ne possède pas d'installation pour les recevoir ou qu'il se l'est interdit par une disposition de son règlement intérieur. Il s'exposerait à ce que la parturiante fût envoyée d'office dans un autre établissement ou chez une sage-femme, et que lui-même eût à rembourser tous les frais entraînés par l'accouchement fait dans ces conditions.

ART. 31

Hors les cas prévus aux articles 28 et 29, par application des lois des 7 août 1851 et 15 juillet 1893, l'hôpital reçoit les malades appartenant à des entreprises de travaux, sociétés de secours mutuels, domestiques, etc, moyennant un prix de journée à déterminer, pour chaque catégorie, par une délibération de la commission administrative, mais qui ne pourra être, en aucun cas, inférieur au prix de journée fixé pour l'assistance médicale.

Cet article n'a point de correspondant dans le règlement modèle de 1840. Il règle des cas qui se sont multipliés dans ces derniers temps et qu'il importe de maintenir dans les limites nécessaires. Nombre de commissions hospitalières ont inséré dans leur règlement des articles visant cette situation nouvelle. Il s'agit des gens sans avoir, pour qui un patron, un parent, un ami, une société de secours mutuels, paie les frais d'hospitalisation et des gens peu aisés qui, possédant les ressources strictement suffisantes pour payer eux mêmes le prix de journée dans les salles communes, n'auraient pas les moyens de se faire soigner soit chez eux, soit dans une maison de santé, soit dans les chambres séparées annexées aux hôpitaux. L'admission de ces personnes dans les salles communes est prévue par la note placée sous l'article 26.

L'article 31 établit un minimum de prix de journée, celui qui est admis pour les malades du service de l'assistance médicale; il prescrit en outre que ce prix sera déterminé pour chaque catégorie de ces hospitalisés (par exemple, en distinguant entre les malades et les blessés, les adultes et les enfants) par une délibération de la commission administrative. Ces prix doivent être tels que jamais il ne risquent de mettre l'établissement en perte. Je ne saurais trop le répéter: l'hôpital est la maison des pauvres; ses biens sont le patrimoine des pauvres, et, s'il est admissible que les demi-indigents y soient reçus, il serait inique qu'ils le fussent au détriment des indigents. La commission administrative pourra tenir compte du fait que l'hospitalisé est admis à ses frais, ou bien aux frais d'un tiers responsable. Dans le premier cas, elle pourra être large, peut-être même se contenter du prix de l'assistance médicale s'il est établi que l'assisté est dans une situation gênée; il en sera autrement si elle se trouve en face d'un patron dans l'aisance ou d'une compagnie d'assurances.

Un congrès de la mutualité, tenu à Reims en août 1898, avait émis le vœu que les membres des sociétés de secours mutuels âgés ou infirmes, qui ne trouvent pas à se faire soigner dans leurs familles, fussent admis comme pensionnaires dans les hospices aux conditions les plus avantageuses. Le vœu a été soumis à l'examen du Conseil supérieur de l'assistance publique qui l'a étudié dans sa dernière session. Le Conseil, tout en proclamant sa sympathie pour la cause de la mutualité et tout en reconnaissant que les habitudes de prévoyance doivent être encouragées sous toutes les formes possibles par les pouvoirs publics, n'a point jugé qu'il y eût de dispositions spéciales à prendre dans le sens indiqué par le congrès de Reims.

La statistique montre qu'un nombre très restreint de mutualistes jouissent de pensions suffisantes pour couvrir les frais de leur entretien à l'hospice ; or, du moment où leur hospitalisation serait à la charge de l'assistance, les membres des sociétés de secours mutuels ne sauraient prétendre, en cette unique qualité, à un droit de préférence s'exerçant à l'encontre de vieillards ou d'infirmes plus dénués encore. Ajoutez qu'en semblable matière, l'esprit de prévoyance ne peut être l'unique élément d'appréciation à envisager; ajoutez encore : cet esprit de prévoyance se manifeste sous des formes multiples et celle de la mutualité, si excellente qu'elle soit, n'est point la seule dont il doive être tenu compte.

L'article 41 du nouveau règlement permettra, comme on le verra plus loin, aux sociétés de secours mutuels de traiter avec les commissions administratives des hospices pour assurer l'hospitalisation des vieillards et des incurables mutualistes dans les conditions faites aux demi-indigents.

L'administrateur de service prononce l'admission des malades de cette catégorie, comme de tous autres, en s'éclairant des avis du médecin. Il ne manque pas de personnes qui, possédant une certaine fortune, cherchent à s'introduire à l'hôpital pour obtenir à moindres frais des soins qu'ils sont en état de se procurer ailleurs. C'est là un abus grave, contre lequel se sont élevées de justes réclamations. Il fait du tort aux médecins, et il cause aux pauvres un préjudice éventuel en les privant de places qui leur appartiennent. L'administrateur de service ne négligera donc aucun effort, aucune information lui permettant de déjouer ces fraudes, et de tenir l'hôpital fermé pour ceux qui ne doivent pas y avoir accès.

Art. 32

Les malades militaires ou marins sont reçus sur l'ordre de l'autorité compétente.

L'admission des militaires et marins doit se faire en conformité des règles prescrites par la loi du 7 juillet 1877 et par le décret réglementaire du 1er août 1879. Vous trouverez en annexe de la présente circulaire le texte complet de ces deux documents (annexe XII, p. 163) ; je crois utile d'en reproduire ici les articles suivants.

Art. 5 de la loi de 1877 : Les obligations imposées aux hospices civils ne peuvent, dans aucun cas, porter préjudice au service des fondations et de l'assistance publique. L'État doit à ces établissements une allocation égale aux frais qui leur incombent par suite du traitement des malades militaires.

Art. 10 du décret de 1879 : Les malades militaires sont admis (dans les hôpitaux mixtes) sur le vu d'un billet d'entrée et dans les conditions fixées par le règlement sur le service de santé de l'armée. Ils sont traités, en ce qui concerne le service médical, l'alimentation et le régime pharmaceutique, conformément aux prescriptions du même règlement.

Art. 23 du même décret : Les malades militaires sont traités (dans les hôpitaux civils proprements dits) à tous égards comme les malades civils et soumis au régime général de l'établissement. Toutefois les malades militaires ne sont placés dans les salles civiles que s'il est impossible de leur affecter une salle spéciale.

Je crois devoir également renvoyer, pour cette matière, au questionnaire de 1888 (n° 291) qui distingue les prix de journées payés pour les militaires de différents grades et qui indique, comme élément de fixation des prix de journée, l'indemnité représentative de l'occupation des bâtiments militaires. Un avis du Conseil d'État en date du 19 mai 1885, reproduit dans une note du ministère de la guerre du 21 février 1886 (1), a spécifié qu'il ne saurait être question de faire entrer le loyer des bâtiments occupés comme élément normal du prix de journée, mais seulement d'indemniser l'établissement de l'occupation de ces locaux dans le cas où cette occupation est reconnue lui causer un préjudice. Le préjudice pourra résulter, par exemple, de la nécessité où l'établissement se trouvera de construire à côté pour assurer le service de l'assistance médicale gratuite, en exécution de la loi du 15 juillet 1893.

Art. 33

Les femmes enceintes sont reçues au moins pendant la dernière quinzaine de leur grossesse ; elles sont admises dans les mêmes conditions que les malades auxquels elles sont assimilées.

---

(1) Le texte de cette note est reproduit en annexe dans le *Traité de l'administration hospitalière* de M. Cros-Mayrevieille, ouvrage déjà cité plusieurs fois.

L'hospitalisation leur est assurée jusqu'à ce que le médecin ait certifié qu'elles peuvent quitter l'hôpital sans danger pour elles ni pour leur enfant.

NOTE. — *Cette quinzaine est un minimum. Les commissions administratives pourront, si leurs ressources en lits et en places sont suffisantes, décider que les femmes enceintes seront reçues plus tôt. Elles doivent en tous cas être reçues dans les salles d'expectantes qui doivent donc être installées en conformité de l'article 26.*

Assimilées en termes formels à des malades par la loi du 15 juillet 1893, (article premier), les femmes en couches sont admises à l'hôpital dans les mêmes conditions que les malades eux-mêmes, c'est-à-dire, suivant les cas, en vertu de la loi du 7 août 1851, ou en vertu de la loi du 15 juillet 1893. Elles seront reçues, soit dans le quartier des malades femmes, service de la chirurgie, soit mieux, dans un quartier spécial ou *quartier de maternité* pour l'installation et pour l'ameublement duquel on aura pris les mêmes soins que pour l'installation et pour l'ameublement du service général de chirurgie.

Les formalités d'admission ayant été précisées dans le commentaire des articles 28, 29 et 30, il ne reste à indiquer que les modifications apportées par le nouveau règlement au traitement hospitalier des femmes enceintes.

Le règlement de 1840 était, en cette matière, très restrictif, afin « d'éviter un encombrement ruineux pour l'hôpital », disait la circulaire interprétative du 31 janvier 1840, laquelle ajoutait que les femmes enceintes « sont admises à l'hôpital beaucoup trop tôt; et y restent par conséquent trop longtemps ».

Ces indications ne sauraient être maintenues. Ainsi que le précise l'article 24 du présent règlement, ce ne sont pas seulement les femmes en couches, c'est-à-dire sur le point d'accoucher, mais encore les femmes enceintes qui doivent être reçues à l'hôpital. L'hospitalisation peut être nécessaire avant le terme de la grossesse. En fixant à la dernière quinzaine de la grossesse le délai d'admission, l'article 33 établit simplement un minimum et il est très souvent désirable que les femmes enceintes soient hospitalisées plus tôt. « Il y a utilité, a dit M. le Dr Napias au cours de la discussion de cet article, non seulement pour la femme, mais pour l'enfant, à ce que la femme puisse se reposer un mois avant ses couches. Cette question peu connue a été très bien étudiée par M. Pinard qui a apporté des chiffres à l'appui. Il est bon de renseigner à cet égard les commissions administratives. »

La note indique la nécessité d'avoir une installation séparée pour recevoir les expectantes. Il ne faut en aucun cas qu'elles soient placées dans la salle commune, où, comme l'a fait remarquer M. le Dr Henrot, « elles peuvent se rencontrer avec des malades atteints de tuberculose, de typhoïde et autres maladies contagieuses ». Dans les hôpitaux importants, une maternité comportant un service d'expectantes s'impose. Là où il n'y a pas de maternité, l'on devra mettre à la disposition des expectantes une ou deux chambres analogues à celles qu'on réserve aux pensionnaires payants.

Les services de femmes en couches devront ainsi comprendre au moins trois locaux : celui affecté aux expectantes, celui affecté aux parturiantes et celui affecté aux accouchées. La salle des parturiantes ou salle d'accouchement sera munie d'appareils et d'instruments appropriés et des précautions particulières seront prises pour y maintenir une rigoureuse asepsie. Dans les services de quelque importance il conviendra de prévoir, en outre, des chambres pour l'isolement des femmes atteintes d'affections puerpérales ; dans tous, l'installation devra permettre de donner des soins convenables aux nouveau-nés, y compris les enfants nés avant terme pour lesquels la maternité devra posséder des couveuses (voyez à ce sujet les nos 155 et suivants du questionnaire de 1888.)

Les prescriptions relatives à la sortie sont modifiées dans le même esprit de large assistance. Suivant le règlement de 1840, les femmes accouchées dans l'hôpital étaient tenues d'en sortir avec leur enfant dans la quinzaine qui suivait l'accouchement, à moins que le médecin ne déclarât qu'il y aurait danger pour elles. D'après l'article 33 du nouveau règlement, l'hospitalisation est assurée à la femme accouchée jusqu'à ce que le médecin ait certifié qu'elle peut quitter l'hôpital sans danger pour elle ni pour son enfant.

D'où cette double conséquence : 1° que le délai de quinzaine n'est plus rigoureusement imparti ; 2° que la présomption est dorénavant, non que la femme doit quitter l'hôpital, mais qu'elle doit continuer à être hospitalisée, sauf déclaration contraire du médecin. « L'expérience du passé, dit en son rapport M. l'inspecteur général Dr Drouineau, a trop bien appris que les femmes ont une tendance malheureusement générale à quitter trop tôt la maternité, et cette reprise hâtive de la vie commune de travail et de fatigue ne profite ni à la mère ni à l'enfant. Les dangers de cette désastreuse pratique sont connus de tous les praticiens et il importe de réagir contre elle. »

Il va de soi qu'en règle générale, la maternité est réservée aux femmes enceintes privées de ressources ; mais, comme il serait déplorable de voir ses portes se fermer devant une personne cherchant à cacher une faute et qu'en ce cas des investigations sur la situation de fortune de cette femme risqueraient d'avoir les plus pénibles conséquences, l'article 33 a intentionnellement omis de spécifier qu'il ne vise que les mères pauvres.

La recherche du domicile de secours pourra être évitée, si le conseil général consent à départementaliser le service de la maternité, c'est-à-dire s'il considère comme des malades ayant le domicile de secours départemental toutes les femmes en couches reçues dans l'établissement sur leur demande, et auxquelles, en conséquence, on ne demandera aucun renseignement sur le domicile habituel, ni sur leurs résidences successives, ni même sur leur état civil. Les départements qui, dans l'intérêt des enfants à naître, créent ainsi, d'accord avec les administrations hospitalières, des maternités ouvertes et des maternités secrètes, ont l'avantage de pouvoir faire figurer les dépenses qui en résultent parmi les dépenses d'origine départementale de l'assistance médicale gratuite, auxquelles l'État contribue dans la proportion du barême B annexé à la loi de 1893 (*Actes du Conseil supérieur de l'assistance publique*, fascicule n° 55, p. 208).

Il faut espérer qu'avant longtemps tous les départements auront compris le devoir qui s'impose à eux d'avoir une maternité ouverte et secrète. En attendant, ce sera à l'administrateur de service d'apporter dans les admissions des femmes enceintes le tact et la délicatesse nécessaires.

ART. 34

Le médecin adresse à la commission administrative un rapport constatant l'état précis des malades qui séjournent depuis plus de deux mois (1) dans l'hôpital et les causes qui nécessitent leur maintien dans cet établissement.

Le nouveau règlement ne diffère, sur ce point, de l'ancien qu'en ce que le délai de trois mois imparti pour le rapport médical a été réduit à deux mois. Ce délai avait déjà été fixé par la circulaire ministérielle du 25 novembre 1897 relativement aux malades du service de l'assistance médicale gratuite hospitalisés au compte de l'État.

Sous le bénéfice de cette modification, les observations ci-après, exposées par la circulaire du 31 janvier 1840, ont conservé toute leur valeur:

Il arrive très souvent que des incurables, admis dans les hôpitaux comme s'ils étaient attaqués d'affections temporaires, ou après qu'ils en sont guéris, restent dans ces établissements et empêchent d'autres indigents d'y être reçus. Il est donc d'une extrême utilité que le médecin adresse un rapport qui constate l'état exact

(1) Application de la circulaire du ministre de l'intérieur du 23 novembre 1897.

des malades qui séjournent dans l'hôpital depuis plus de trois mois, et les causes qui nécessitent leur maintien dans cet établissement. L'administration charitable se trouvera ainsi à même de faire cesser l'abus des séjours indûment prolongés à l'hôpital, si cet abus existe en effet, et de faire admettre dans l'hospice, si cela est possible, des indigents véritablement incurables.

Aux considérations qui précèdent s'en ajoute aujourd'hui une autre. La loi du 15 juillet 1893 vise uniquement les *malades* et non les incurables, ni les infirmes. A partir du moment où l'incurabilité est médicalement reconnue, l'entretien de l'hospitalisé cesse d'être obligatoirement à la charge des collectivités tenues de lui assurer l'assistance médicale. La loi du 15 juillet 1893 a donc pour suite nécessaire une loi organisant les secours publics aux incurables. En attendant le vote de cette loi, l'article 43 de la loi de finances de 1897 donne à la commune et au département, en leur assurant le concours de l'État, le moyen de venir en aide aux incurables pour lesquels l'hospitalisation ne s'impose pas. Je vais revenir sur ce sujet à l'occasion de l'article 35.

Art. 35

Les malades reconnus incurables ne sont pas conservés dans l'hôpital.

Note. — *Ils seront, s'il est possible, placés dans l'hospice.*

Voici le commentaire dont la circulaire explicative faisait suivre l'article 13 du règlement de 1840 textuellement reproduit par le nouveau règlement :

D'après le rapport du médecin et les vérifications qui devront en être la suite, les malades reconnus incurables devront cesser de rester dans l'hôpital. Si l'établissement contient des salles destinées à recevoir des incurables, ou s'il existe, dans la commune, un hospice, les indigents renvoyés de l'hôpital pourront y être admis, s'il s'y trouve des lits vacants.

Je ne saurais trop recommander aux commissions administratives d'être sévères pour les admissions de ce genre, et de toujours peser les titres des différentes personnes qui sollicitent, afin que les plus infirmes et les plus dénuées de ressources soient toujours préférées. Le danger d'une marche contraire serait d'occuper promptement tous les lits des hospices, et de se trouver hors d'état de satisfaire à des demandes bien fondées. Le danger des admissions trop faciles est bien plus grand ici que pour les hôpitaux, puisqu'il s'agit d'admissions viagères.

Une observation doit être ajoutée. En 1840, l'incurable, exclu à ce titre de l'hôpital, ne pouvait guère être secouru qu'à l'hospice; si on le renvoyait simplement au bureau de bienfaisance, il risquait d'être peu ou point assisté. L'article 17 de la loi du 7 août 1851, complété par l'article 7 de la loi du 21 mai 1873, a autorisé les établissements hospitaliers à allouer, de concert avec les bureaux de bienfaisance, des secours annuels aux vieillards ou infirmes placés dans leurs familles; et tout récemment la constitution de pensions en faveur des vieillards, infirmes ou incurables a été prévue par l'article 43 de la loi de finances de 1897 (1). Ainsi, si le malade devenu incurable ne peut être secouru par l'hospice, un sacrifice le plus souvent modeste de la commune du domicile de secours, avec la contribution du département et celle de l'État, lui procurera, dans beaucoup de cas, les ressources nécessaires pour vivre chez lui au milieu des siens.

Outre l'avantage de ne pas immobiliser des lits qui peuvent être plus utilement employés, l'assistance à domicile a celui de moins relâcher les liens de la famille, considération qui a déjà sa valeur quand il s'agit de malades curables, mais qui prend surtout de l'importance quand il s'agit d'incurables, car alors la séparation de l'assisté d'avec sa famille est définitive.

Ce ne sont pas seulement les incurables qui peuvent encombrer un service d'hôpital et occuper des lits qui seraient plus utilement affectés à des malades ou à des blessés, ce sont aussi et surtout les chroniques; mais il importe de remarquer que le chronique, à la différence de l'incurable, doit être obligatoirement secouru; en conséquence, on ne saurait le renvoyer de l'établissement sans s'être assuré qu'il trouvera les soins que réclame son état.

La distinction des malades chroniques d'avec les incurables a été faite, ainsi qu'il suit, dans le rapport général sur l'assistance médicale gratuite en 1895:

Les maladies chroniques peuvent se prolonger pendant des années: elles présentent des symptômes moins intenses et ne demandent généralement pas à toutes les phases de leur évolution, un traitement à l'hôpital; quelquefois même elles n'exigent qu'un traitement intermittent, applicable à domicile, et n'excluant pas la possibilité d'un travail relatif.

---

(1) Art. 43. — A partir du 1er janvier 1897, l'État contribuera dans les conditions de la loi sur l'assistance médicale, et conformément aux barèmes A et B de cette loi, au paiement de toute pension annuelle d'au moins quatre-vingt-dix francs (90 francs) et de deux cents francs au plus (200 francs), constituée par les départements ou les communes, d'accord avec les conseils généraux, en faveur de toute personne de nationalité française, privée de ressources, incapable de subvenir par son travail aux nécessités de l'existence, et soit âgée de plus de soixante-dix ans, soit atteinte d'une maladie ou d'une infirmité reconnue incurable, sans que le nombre des pensions auxquelles devra contribuer l'État puisse dépasser, par département, deux pour mille (2 p. 1000) de la population, et que cette contribution, pour chaque pension, puisse être supérieure à 50 francs. Cette pension annuelle sera toujours révocable.

Le chronique est un malade au sens de la loi du 15 juillet 1893, attendu que son état se modifie constamment, qu'il est exposé à des accidents aigus, enfin qu'il peut guérir, bien que, dans l'état actuel de la science, il soit généralement considéré comme peu susceptible de recouvrer la santé.

L'incurable est l'individu atteint de lésions persistantes, d'infirmités indélébiles, constituant des obstacles absolus au retour à l'état de santé qui a précédé la maladie, mais n'étant pas incompatibles avec un état de santé relatif. Le plus souvent, l'art médical ne peut rien pour le soulager; en tout cas, on ne saurait invoquer en sa faveur le bénéfice de l'assistance obligatoire (dans l'état actuel de notre législation).

L'incurabilité peut être initiale ou apparaître en cours de traitement; lorsqu'elle est reconnue chez un malade soigné à l'hôpital, celui-ci doit être transféré à l'hospice.

Les incurables et les infirmes ont assurément besoin d'assistance, parfois de soins assidus, mais le traitement médical est pour eux superflu; la définition même de leur état les déclare inguérissables (1).

Le chronique devra être assisté, suivant les cas, soit à domicile, soit dans un établissement spécial. Je citerai comme exemple d'établissement spécial l'hôpital de tuberculeux adultes fondé à Lyon par les soins d'une œuvre privée, assurée d'ailleurs du concours des hospices.

Art. 36

L'administrateur de service ordonnera la sortie des malades, dès que le médecin aura déclaré que cette sortie peut avoir lieu sans danger pour eux.

Cet article est la suite et le complément des dispositions ayant pour objet de ne pas laisser l'hôpital occupé, au détriment des malades proprement dits, par des personnes guéries ou suffisamment améliorées pour n'avoir plus besoin d'être hospitalisées.

Il est de bonne administration que les ressources de l'hôpital ne soient pas immobilisées au delà du nécessaire et que le renouvellement des hospitalisés s'opère dans des conditions normales, c'est-à-dire en accordant la préférence aux cas aigus qui ne pourraient pas recevoir ailleurs des soins équivalents.

L'article correspondant du règlement de 1840 obligeait le médecin de l'hôpital à déclarer à la commission administrative l'entrée en convalescence de chaque malade et la durée probable de cette convalescence. Cette obligation n'a pas été maintenue; il était, en effet, sans intérêt de faire diagnostiquer par un médecin la durée probable d'une convalescence qui s'effectuerait en dehors de son service et pendant laquelle l'assisté

(1) *Actes du Conseil supérieur de l'assistance publique*, fasc. 55, p. 192.

devrait continuer d'être secouru. D'ailleurs jamais, en fait, cette prescription n'a été appliquée.

A quelque point de vue que l'on se place, il importe que les personnes dénuées de ressources et relevant de maladie reçoivent les secours que nécessite leur état; ce sera même un moyen d'économiser les deniers des pauvres, car on évitera ainsi les nouveaux frais d'hospitalisation qu'entraînerait une rechute.

La question de l'assistance aux convalescents à fait l'objet de récentes délibérations de la *Société internationale pour l'étude des questions d'assistance.* Le rapporteur de la question disait à ce sujet, après avoir constaté les importants services que rendent à l'assistance publique de Paris les asiles nationaux de convalescence de Vincennes et du Vésinet (1) :

La plupart des budgets d'hôpitaux ont un article désigné sous le nom de *secours de convalescence*; il suffit de voir combien minimes sont les sommes qu'il représente ; il suffit de constater à quel usage elles sont le plus souvent destinées pour comprendre que le mot *convalescence* n'est ici qu'un trompe-l'œil, servant trop souvent à masquer des dépenses difficiles à avouer. C'est avec le secours de convalescence que certains hôpitaux payent les frais de voyage et expédient les malades qui les encombrent sur les établissements voisins. A charge de revanche ! Peut-être réalisent-ils ainsi quelques faibles économies, mais ces économies ont souvent pour conséquence des prolongations de maladies, et par suite, des dépenses qu'on pourrait éviter, si les commissions administratives comprenaient qu'elles doivent ménager le patrimoine des pauvres dans son ensemble et non pas seulement dans la parcelle dont elles ont la gestion (2).

Le rapporteur préconisait l'asile annexe de l'hôpital, de préférence au secours de convalescence, et donnait de cet asile tel qu'il doit être la description suivante :

L'asile de convalescence doit donc être considéré comme un rouage assurant le parfait fonctionnement d'un hôpital au même titre que les quartiers spéciaux, desquels toutefois il doit être bien distinct. Il ne faudrait pas, en effet, tomber dans l'erreur de certains petits hôpitaux qui, suivant leurs besoins, affectent un de leurs pavillons, tantôt aux contagieux, tantôt aux chroniques, aux gâteux ou aux convalescents. Cette confusion, outre qu'elle peut être préjudiciable au bon ordre de l'établissement, a le double inconvénient de ne pas assurer au convalescent le genre de soins que réclame son état et de le maintenir, sans profit, au régime des malades, entraînant ainsi une dépense inutile.

---

(1) Il existe encore des asiles publics de convalescence ressortissant aux hospices de Lyon, Nancy, Rennes, Tours; celui de Rennes est installé dans un pavillon spécial, à l'intérieur de l'hôpital, les autres forment des établissements séparés.

(2) J'ajoute que ceux qui ont recours à de semblables manœuvres s'exposent à une action en dommages-intérêts fondée sur l'article 1382 du Code civil.

L'asile de convalescence n'exige pas tous les raffinements hygiéniques de l'hôpital ; il doit être, comme installation et comme régime, la maison de transition entre l'établissement hospitalier et la demeure du pauvre. On peut donc le concevoir, à la campagne de préférence, dans une maison quelconque, pourvu qu'elle soit salubre et qu'elle offre le bon air, l'alimentation saine et le repos à un prix de revient sensiblement inférieur à celui de la journée de maladie.

Après discussion, la *Société internationale* adopta à l'unanimité les conclusions ci-après :

En conformité de la loi du 15 juillet 1893, le convalescent dénué de ressources, non secouru par la charité privée, doit être assisté tant qu'il demeure dans l'impossibilité physique de subvenir par le travail aux nécessités de l'existence.

L'assistance doit pouvoir lui être donnée suivant les espèces, soit à domicile, soit dans une annexe de l'hôpital.

En cas d'insuffisance des revenus de l'hôpital et du bureau de bienfaisance, les dépenses de cette assistance incombent à la commune, au département et à l'État.

Les règlements de l'hôpital et des bureaux de bienfaisance doivent contenir des dispositions réglementant les détails du service des convalescents, arrêtées de concert par les commissions administratives des deux établissements.

Le mode d'assistance aux convalescents qui paraît devoir être le plus efficace et le plus économique, particulièrement dans les grandes villes où les œuvres d'initiative privée feront défaut, est *la maison de convalescence*, annexe de l'hôpital.

Enfin, la Société, à la majorité, adopta le texte suivant, qu'elle propose d'insérer dans les règlements hospitaliers :

Pour tout malade hospitalisé, soit en vertu de la loi de 1851, soit en vertu de la loi de 1893, le certificat de sortie ne doit porter la mention « guérison » que si ce malade a d'ores et déjà recouvré un degré de vitalité lui permettant de se passer du secours de l'assistance publique. Si tel n'est pas le cas, le certificat portera une des mentions : « convalescence », « affection chronique » ou « incurabilité », et, dans ces trois hypothèses, indication devra être donnée sur le certificat : 1° de la maladie traitée à l'hôpital ; 2° des symptômes morbides persistants ou nouveaux, afin de faciliter la recherche d'une assistance appropriée à chaque cas. Les cas de convalescence qui ne seraient pas susceptibles d'être utilement traités au domicile du malade le seront dans un service hospitalier spécial dépendant des services d'hôpital (1).

Le Conseil supérieur n'a pas encore examiné cette question. Mais il m'a semblé utile de donner, à l'occasion de l'article 36, les indications qui précèdent. Elles seront de nature à éclairer les commissions administratives qui seraient disposées à compléter l'assistance hospitalière par la création

(1) *Bulletin de la Société Internationale pour l'étude des questions d'assistance*, année 1898, pp. 182 et suivantes, 221 et suivantes.

d'une maison de convalescence. En dehors des hôpitaux, plusieurs bureaux d'assistance ont déjà pris l'initiative de prévoir dans leurs règlements l'assistance à domicile des convalescents sortant des services hospitaliers, notamment celui du Havre qui a adopté cette rédaction :

N'hospitaliser les malades, sauf le cas d'urgence, que sur certificats d'admissibilité à l'assistance médicale gratuite délivrés par le bureau de bienfaisance aux lieu et place des certificats d'indigence précédemment délivrés dans les commissariats de police.

Délivrer, le cas échéant, *aux malades privés de ressources qui, sortant des hôpitaux, ont besoin d'être secourus jusqu'au complet rétablissement de leurs forces*, des secours temporaires émanant du bureau de bienfaisance.

Art. 37

L'admission des vieillards à l'hospice est subordonnée aux conditions suivantes :

Le candidat doit établir :

1° qu'il est français ;

2° qu'il est âgé de ;

3° qu'il est dans l'incapacité physique de pourvoir à ses besoins par son travail ;

4° qu'il est indigent ;

5° qu'il a son domicile depuis dans la commune où est situé l'hospice, ou, les besoins de la dite commune étant satisfaits, dans la circonscription hospitalière (1) ;

6° qu'il ne peut pas être secouru utilement à domicile.

L'admission est prononcée par délibération de la commission administrative.

Note *sur le 2°. — L'âge de soixante-dix ans est fixé par l'article 43 de la loi de finances du 29 mars 1897 pour l'assistance aux vieillards.*

Note *sur le 5°. — Le Conseil supérieur de l'assistance publique a fixé le délai d'acquisition du domicile à cinq ans dans le projet préparé par lui sur l'assistance aux vieillards, aux infirmes et aux incurables.*

Les conditions à exiger pour l'admission des vieillards à l'hospice varieront suivant les établissements et suivant les communes.

---

(1) S'il en a été indiqué une par le conseil général.

La loi du 7 août 1851 donne à cet égard toute latitude aux commissions administratives, à supposer qu'elles ne soient pas liées par les clauses d'un acte de fondation.

L'article 37 forme un cadre que les administrations hospitalières devront remplir en s'inspirant des besoins locaux et de leurs ressources.

Les notes jointes au texte par le Conseil supérieur fourniront des indications utiles. La première est relative aux vieillards qui, sans être infirmes, sont réduits par l'âge à l'impossibilité physique de pourvoir à leurs besoins par le travail; elle rappelle que l'âge de soixante-dix ans est celui fixé par l'article 43 de la loi de finances du 29 mars 1897 (1); mais il n'y a là rien de rigoureux; les commissions peuvent abaisser cette limite d'âge. Elles seront sans doute portées à le faire dans les villes industrielles où les vieillards ont souvent besoin d'assistance avant d'être arrivés à soixante-dix ans. Mais il faut observer que, s'ils sont incapables de tout travail avant soixante-dix ans, c'est généralement par suite de quelque infirmité, et c'est alors l'article 38 qui est applicable. « Dans les villes industrielles, a dit M. le Dr Olivier (de Lille) devant le Conseil supérieur, nous sommes bien obligés d'admettre les vieillards avant soixante-dix ans; nous les admettons à partir de soixante ans s'ils ont une infirmité grave », et, sur l'observation qui lui était faite qu'il semblait confondre le valide et l'incurable, il ajoutait: « Nous avons trois catégories: le vieillard valide de soixante-dix ans, le vieillard ayant des infirmités à partir de soixante ans, l'incurable à partir de vingt ans ». C'est ainsi, en effet, que les choses se passent dans un grand nombre de villes. Le point important, celui sur lequel le Conseil supérieur a insisté à maintes reprises, c'est que, qu'il s'agisse d'un vieillard, d'un infirme, ou d'un incurable, et quel que soit son âge, il doit être « dans l'incapacité physique de pourvoir à ses besoins par son travail ». La commission administrative devra, avant l'examen de toute autre condition, s'assurer que celle-là existe.

Une deuxième note porte que dans le projet de loi pour l'assistance aux vieillards, le Conseil supérieur de l'assistance publique a fixé à cinq ans le temps de résidence nécessaire pour que le vieillard ait acquis son domicile de secours. Dans le projet de loi qu'il a préparé sur la demande du Gouvernement, le Conseil d'État a porté à dix ans la durée de cette résidence acquisitive du domicile de secours. Chaque commission administrative tiendra compte ici des traditions locales.

(1) Le texte de cet article de loi est reproduit ci-dessus en note du commentaire de l'article 35.

L'article 37 prévoit que, les besoins de la commune, siège de l'hospice, étant satisfaits, on peut recevoir des vieillards d'autres communes comprises dans la circonscription hospitalière, si, ajoute une note au bas de la page, il en a été indiqué une par le conseil général. La loi du 7 août 1851 dispose, dans son article 3, que les incurables indigents des communes privées d'établissements hospitaliers peuvent être admis aux hospices du département *désignés par le conseil général, sur la proposition du préfet*, suivant un prix de journée fixé par le préfet, d'accord avec la commission administrative. Il a été toujours entendu que cette faculté s'étendrait aux vieillards. Toutes les fois que la chose est possible, on doit souhaiter que l'hospice puisse faire profiter de ses services, dans ces conditions, les communes moins bien partagées. Il vous appartient, monsieur le préfet, de proposer au conseil général la constitution de circonscriptions hospitalières partout où vous en verrez la possibilité.

Toute admission doit être l'objet d'une décision de la commission administrative elle-même. Ici, il n'y a pas urgence comme lorsqu'il s'agit de malades. On ne voit donc point de raison pour que la commission délègue ses pouvoirs à un administrateur de service, encore moins à toute autre personne. L'engagement qui dérive de l'admission est d'ailleurs plus grave qu'en cas de maladie, car l'obligation contractée envers l'assisté n'est plus momentanée, mais viagère. Il convient que la commission en prenne la responsabilité.

Art. 38

L'admission à l'hospice des infirmes et des incurables est subordonnée aux conditions suivantes :

Le candidat doit établir :

1° qu'il est français ;

2° qu'il est atteint d'une maladie ou d'une infirmité reconnue incurable ;

3° que cette maladie ou cette infirmité le met dans l'impossibilité de pourvoir à ses besoins par son travail (ces deux dernières constatations devront être faites par le médecin de l'établissement) ;

4° qu'il est indigent ;

5° qu'il a son domicile depuis   dans la commune où est situé l'hospice, ou, les besoins de la dite commune étant satisfaits, dans la circonscription hospitalière ;

6° qu'il ne peut pas être secouru utilement à domicile.

L'admission est prononcée par délibération de la commission administrative.

L'admission des infirmes et des incurables donne lieu aux mêmes observations générales que celle des vieillards. Toutefois une différence est à noter. On peut et on doit exiger une durée moindre de résidence pour les derniers. Quand il s'agit des vieillards, cette durée doit être longue afin de déjouer, autant que possible, le calcul de ceux qui, se voyant avancer en âge, transporteraient leur domicile dans une commune pourvue d'hospice afin d'être, l'heure venue, en état de justifier de la condition de résidence prévue au règlement. Cela n'est pas à craindre des infirmes et des incurables; car l'incurabilité et l'infirmité ne sauraient être prévues à l'avance, ni par suite donner lieu à une semblable combinaison. Aussi le Conseil d'État, dans le projet de loi qu'il a élaboré, attache le domicile de secours des infirmes et des incurables à une résidence de cinq ans seulement, tandis qu'il porte cette durée à dix ans pour les vieillards.

Art. 39

Les enfants pauvres recueillis par l'hospice ne sont pas, sauf nécessité absolue, conservés dans l'établissement. Ils sont assimilés pour leur placement, soit en nourrice, soit en garde, aux enfants assistés.

Le règlement de 1840 fixait les conditions d'admission des enfants en confondant un peu dans les mêmes prescriptions les enfants orphelins et les enfants trouvés ou abandonnés.

La transformation qui s'est opérée au cours des soixante dernières années dans le service des enfants assistés a pour conséquence nécessaire d'exiger maintenant une distinction bien nette. Le règlement hospitalier n'a pas à s'occuper des pupilles de l'assistance publique qui, comprenant les différentes catégories d'enfants trouvés, abandonnés, orphelins, moralement abandonnés, forment une population appartenant à un service départemental, dont les relations avec les hospices désignés comme dépositaires sont arrêtées par le préfet. Il suffit de prévoir, et cela est fait à l'article 25, que ces enfants peuvent, en certains cas, être pensionnaires de l'hospice s'il s'agit d'un hospice dépositaire.

Restent les enfants qui, sans être compris par la loi au nombre des enfants assistés ou sans y être assimilés, ont besoin de l'assistance et ne trouveraient pas cette assistance auprès des bureaux de bienfaisance, soit que ceux-ci manquent de ressources, soit que l'organisation convenable pour procurer aux enfants les secours réclamés par leur état fasse défaut à ces établissements. Ces enfants peuvent être des orphelins de père ou de mère, des enfants non reconnus par l'un de leurs parents ou par tous les deux, appartenir à des parents malades, à des familles indigentes placées dans certaines circonstances exceptionnelles qui nécessitent impérieusement l'aide hospitalière. Le projet de règlement les comprend sous le terme générique d' « enfants pauvres », sans exclure, comme le faisait le règlement de 1840, « les enfants des familles indigentes ». Mais il suffit de se référer au rapport de M. l'inspecteur général Dr Drouineau pour saisir la pensée du Conseil supérieur de l'assistance publique et comprendre dans quelle mesure restreinte cette assemblée conçoit l'admission des enfants pauvres dans les hospices. Après avoir dit que, pour les enfants de familles indigentes surtout, il faut être très circonspect, le rapporteur ajoute :

Ici, la condition précise donnant droit au secours est, en effet, sinon impossible, du moins bien difficile à formuler. Où s'arrête, selon les circonstances variables de santé, de travail, la famille indigente nombreuse ? Les abus peuvent être fréquents, les entraînements faciles. Accepter l'exception, c'est donc entr'ouvrir une porte, sous l'influence de sentiments charitables, à coup sûr respectables ; mais, une fois la porte entr'ouverte, il faut trouver la force nécessaire pour la fermer, pour résister aux suppliques, aux influences du dehors ; car ce serait sûrement grever le budget hospitalier, alors que celui de l'assistance à domicile doit intervenir (1) ; ce serait enfin reconstituer l'orphelinat hospitalier alors que tout dit qu'il faut s'efforcer d'éloigner l'enfant de ce milieu qui n'est pas fait pour son imagination sensible, pour ses ébats joyeux, pour son développement physique.

Si l'admission de l'enfant pauvre à l'hospice doit être tout à fait exceptionnelle, son séjour doit aussi y être essentiellement temporaire. Assimilé en ce point aux enfants assistés, il ne peut être conservé à l'établissement que le moins de temps possible, sauf nécessité absolue. On placera ces enfants, suivant ce qui était recommandé déjà en 1840, en nourrice ou en garde chez des particuliers, moyennant pension jusqu'à treize ans, ensuite en apprentissage ou en service.

Il ne s'agit pas ici d'orphelinat, même pour les enfants demeurant à

(1) J'ajoute que la question de l'assistance aux enfants des familles indigentes est actuellement soumise à l'examen du Conseil supérieur de l'assistance publique.

l'hospice dans l'hypothèse d'une nécessité absolue. Un règlement dont il a été déjà parlé et qui figure en annexe à la fin de cette circulaire (annexe IV) contient les dispositions spéciales aux orphelinats.

Art. 40

Le prix de pension des vieillards et incurables reçus à titre payant est fixé à .

Note. — *Ce prix est établi par délibération spéciale de la commission administrative approuvée par le préfet. Deux prix peuvent être fixés suivant que les hospitalisés seront placés en dortoirs ou en chambres séparées.*

Lorsque des vieillards et incurables sont reçus dans l'hospice à titre payant, il importe que le prix de la pension soit fixe et non pas, comme il arrive trop souvent, livré à l'arbitraire. Ce prix sera déterminé par le règlement; il ne pourrait être modifié que par une délibération de la commission administrative, soumise à l'approbation préfectorale.

Le Conseil supérieur a prévu que deux prix pourront être établis, suivant que les hospitalisés seront placés en dortoirs, c'est-à-dire dans les salles communes, ou en chambres séparées.

Ces prix doivent correspondre aux dépenses présumées des hospitalisés, assez modiques pour que les fortunes modestes puissent les payer, suffisants pour que l'hospice ne soit pas mis en perte. Les économies résultant de la vie commune permettent d'obtenir ce résultat.

On admet généralement que le vieillard ou l'incurable peut, en représentation de la pension, abandonner un capital correspondant à la rente viagère qui équivaut à cette pension. Cette combinaison a rendu souvent de grands services; il convient donc de ne pas l'écarter à priori par un article de règlement. Mais les commissions administratives doivent être averties des inconvénients qu'elle peut présenter. En effet, il est arrivé que des vieillards ont consenti des contrats de ce genre sous l'empire de ressentiments qu'ils avaient conçus contre leurs proches héritiers (enfants ou collatéraux) et dans le but bien évident de frustrer ceux-ci au profit des hospices; d'autres fois, on a vu des hospitalisés admis dans de telles conditions se montrer indisciplinés au point de mériter le renvoi, et l'administration hospitalière exposée à un procès si, dans la restitution qu'elle avait à leur faire en les renvoyant, d'une partie du capital versé, elle tenait, comme elle en a le devoir, à ne pas léser les intérêts de l'établissement.

En outre, un contrat de ce genre, dans lequel la jurisprudence fiscale voit un bail à nourriture, n'est valable qu'autant qu'il résulte d'une délibération de la commission administrative, revêtue de l'approbation préfectorale. Lorsqu'une semblable délibération sera présentée à votre sanction, vous ne manquerez pas de vérifier si les conditions du remboursement partiel ont été fixées en prévision de cette éventualité et si le capital cédé correspond effectivement au prix de pension réglementaire.

Bien que le règlement modèle ne prévoie ici que deux prix, je ne verrais pas d'obstacle à ce que la commission administrative en établit plus de deux; elle pourrait élever le prix de journée pour certaines catégories d'infirmes qui exigent des soins spéciaux et occasionnent par suite des dépenses exceptionnelles, par exemple, pour les gâteux.

Art 41

Pour être admis ou maintenus dans l'hospice, les vieillards ou incurables qui jouissent d'un revenu quelconque, mais insuffisant pour pouvoir se passer des secours de l'assistance publique, seront tenus de faire l'abandon de ce revenu au profit des établissements.

Dans ce cas, il devra leur être alloué mensuellement quelques sommes modiques pour leurs besoins personnels.

Les hospitalisés auxquels se réfère l'article 41 sont ceux qui jouissent d'un revenu, provenant souvent d'une pension de retraite, insuffisant pour leur permettre de vivre sans l'aide de l'assistance publique, et qui, pour cela, ont été admis à l'hospice, non point comme payants, mais à titre gratuit.

Il ne s'agit pas ici des vieillards ou incurables dont les revenus excéderaient notablement le prix de pension fixé à l'article précédent: ces derniers sont des pensionnaires payants et ils n'ont évidemment à faire abandon de leur revenu que jusqu'à concurrence du montant de la pension.

Vous remarquerez d'ailleurs que, pour tous les hospitalisés dont le revenu est inférieur au prix de pension réglementaire, une partie de ce revenu *doit* être remis à leur disposition en vue de menues dépenses.

Aucune proportion n'est, à cet égard, fixée par le nouveau règlement. Les sections avaient inscrit dans le texte une proportion d'un cinquième. En séance générale on proposa de laisser à cette catégorie d'assistés, soit quatre cinquièmes de leur revenu, soit, à l'instar de ce qui se pratique à Lyon, une somme minima de cent francs par an; au-dessous de cent francs on laissait la totalité.

Le Conseil n'accepta aucune de ces propositions. Il lui parut que c'était avant tout une question d'espèce, que la commission administrative seule pouvait avoir les éléments d'une décision éclairée, dans laquelle elle tiendrait compte à chacun de son genre d'existence, de sa situation de famille, de ses véritables besoins. Le principe d'une allocation est d'ailleurs formellement consacré par l'article, où le mot *devra* a remplacé le mot *pourra* qui se trouvait dans le règlement de 1840.

Cette solution en entraîne une autre. Quand un vieillard admissible à l'hospice se trouvera posséder un revenu correspondant exactement au chiffre de la pension minima demandée aux payants, on devra lui faire remise d'une petite fraction de cette somme pour servir à ses menues dépenses, sans quoi la situation de celui-ci pourrait être inférieure à celle obtenue par un hospitalisé possédant un revenu moindre que le sien. D'une manière générale, la portion de revenu restituée devra varier en raison inverse de l'importance de ce revenu sans préjudice des autres éléments d'appréciation que je viens d'indiquer.

Les commissions administratives apporteront certainement dans l'application de cet article un large esprit d'humanité, préoccupées de rendre le plus doux possible les derniers jours des malheureux qu'elles recueillent. Je leur recommande de se montrer particulièrement généreuses envers ceux dont les ressources personnelles consistent en une pension de retraite qu'ils se sont acquise à eux-mêmes. La situation d'un vieillard qui a fait au cours de sa vie acte de prévoyance, lors même que les circonstances auraient réduit à peu de chose le produit de ses efforts, doit toujours être supérieure à celle de l'indigent.

Art. 42

Les vieillards et les incurables indigents devront quitter l'hospice si leur état d'indigence ou si l'état d'indigence des personnes qui sont tenues à la dette alimentaire envers eux vient à cesser.

La sortie des vieillards et des incurables sera ordonnée par délibération de la commission administrative.

Puisque l'hospice, par définition, appartient aux pauvres, les personnes qui y ont été admises à titre d'indigents, ne doivent pas y être maintenues quand leur indigence a cessé.

Ce changement de situation peut se produire de deux façons, soit par un retour à meilleure fortune de l'hospitalisé lui-même, du fait, par exemple, d'un héritage, soit parce que les personnes tenues vis-à-vis de lui à la dette alimentaire ont acquis des ressources qu'elles ne possédaient pas lors de l'admission, et qui les mettent en état de remplir leur obligation légale à l'égard de leur parent.

La sortie des vieillards et des incurables doit être ordonnée par la commission elle-même ; la mesure est trop grave au point de vue de l'intéressé pour qu'elle délègue ce pouvoir.

Le vieillard et l'incurable dont la sortie est ordonnée dans les conditions de l'article 42 peut, bien entendu, rester moyennant pension, s'il y a accord sur ce point entre l'hospitalisé et la commission administrative, et suivant les règles indiquées aux articles 40 et 41.

Art. 43

Les décès dans les hopitaux sont constatés conformément aux dispositions de l'article 80 du code civil et immédiatement notifiés aux familles.

Lorsque les corps sont réclamés par les parents des défunts, ils leur sont rendus.

L'autopsie pourra être pratiquée dans un but scientifique, à moins d'opposition de la part des familles.

« En cas de décès dans les hôpitaux militaires ou civils..., dit l'article 80 du code civil, les administrateurs seront tenus d'en donner avis dans les vingt-quatre heures à l'officier de l'état civil, qui s'y transportera pour s'assurer du décès et en dressera l'acte..., sur les déclarations qui lui auront été faites et sur les renseignements qu'il aura pris. Il sera tenu en outre dans les dits hôpitaux... des registres destinés à inscrire ces déclarations et ces renseignements ».

Le même article 80 prescrit à l'officier de l'état civil d'envoyer l'acte de décès à celui du dernier domicile de la personne décédée. Mais il convient qu'immédiatement après la mort, l'administration hospitalière notifie le décès à la famille, afin que celle-ci puisse rendre au défunt les derniers devoirs et prendre les mesures que comporte la circonstance. Cette notification doit être faite par les voies les plus rapides.

Si les parents du décédé réclament son corps, il doit leur être remis ; au cas contraire, l'administration hospitalière veillera à sa sépulture, dont les frais incombent soit au budget de la commune ou à celui de l'établissement, soit au service de l'assistance médicale gratuite (1).

La question de l'autopsie dans les hôpitaux ne faisait l'objet d'aucune disposition dans l'ancien règlement. C'est une lacune qu'il importait de combler, en s'inspirant de la pratique actuelle et des prescriptions déjà admises en cette matière par les règlements de plusieurs établissements hospitaliers de grandes villes.

Lorsqu'il n'y a pas opposition de la part des familles, l'autopsie pourra être pratiquée dans un but scientifique, sur avis conforme du corps médical, à la condition que cette autopsie soit pratiquée dans une salle aménagée à cet effet et distincte de la salle mortuaire.

Le décès devant être notifié immédiatement et, d'autre part, l'autopsie ne pouvant être pratiquée avant vingt-quatre heures à compter du décès, les familles auront le temps nécessaire pour mettre opposition à l'autopsie si elles le jugent convenable ; l'opposition est d'ailleurs recevable tant que l'autopsie n'est pas commencée. Les droits de l'autorité judiciaire sont, bien entendu, réservés, ainsi que ceux de l'autorité préfectorale (2).

---

(1) Le rapport général sur l'assistance médicale gratuite en 1895 indique comme suit les raisons de la modification survenue à ce sujet dans la jurisprudence ministérielle:

« L'on refusait d'accepter sur les dépenses du service les frais d'inhumation des malades décédés à l'hôpital hors de la commune de leur domicile de secours : le devoir de donner une sépulture décente aux indigents, disait-on, est imposé aux communes sur le territoire desquelles a eu lieu le décès. Mais il faut observer ici que, si la mort est survenue sur le territoire de telle commune, le fait est dû au fonctionnement du service de l'assistance médicale qui a dirigé le malade sur cette commune pour lui procurer l'hospitalisation ; que, d'autre part, l'hôpital a été obligé de recevoir l'assisté par application de la loi nouvelle, et qu'il ne serait donc pas juste de faire supporter la dépense mortuaire soit à l'hôpital, soit à la commune. Dans l'examen des dernières réclamations relatives aux malades sans domicile de secours, l'administration centrale a renoncé à faire déduire les frais d'inhumation du total de la dépense mise à la charge de l'État. Quand le malade a un domicile de secours, ces frais devraient être de même acquittés par le service de l'assistance médicale, comme frais consécutifs à ceux de l'assistance ». (*Actes du Conseil supérieur*, fascicule N° 55, p. 202.)

(2) Une lettre du ministre de l'intérieur adressée au préfet de la Seine en février 1842 contient à cet égard la précision suivante qui a fait jurisprudence : l'opposition de la part des familles ne doit être « reçue que sans préjudice du droit réservé à l'administration de faire procéder à l'autopsie dans le cas où elle serait exigée par un intérêt public ». Le ministre ajoute, dans le même document: « A cet égard, je citerai en premier lieu les mesures que commanderait la médecine légale; ensuite les recommandations des diverses autorités chargées de veiller sur la santé publique; enfin les cas où les observations des praticiens les auraient amenés à soupçonner que des violences ou des tentatives de crime ont causé des maladies dont la terminaison aurait été fatale. »

Je profite de l'occasion pour recommander aux commissions administratives l'installation de chambres mortuaires décentes et hygiéniques. La salle des morts, qui ne peut pas être une chapelle puisqu'elle doit recevoir des morts de tous les cultes, doit être très simple, toute nue, facilement nettoyée et assainie. Il convient d'avoir, à côté de la salle mortuaire, une petite pièce où les parents du défunt puissent veiller leur mort. Dans certains établissements, par exemple à l'hospice général de Rouen, le dépôt mortuaire comporte une veille à demeure. Le transport du corps au dépôt mortuaire doit être effectué avec respect et immédiatement après la constatation de la mort.

Le questionnaire de 1888 (n°s 258 et suivants) contient des tableaux destinés à l'enregistrement des cas de décès classés par nature de maladies. Il importe que l'attention des commissions soit toujours tenue en éveil par des statistiques exactes sur le mouvement de la mortalité chez les hospitalisés; elles y trouveront parfois l'indication de réformes à opérer ou d'améliorations à exécuter dans les services. En cette matière, l'avis du corps médical de l'établissement leur sera fort utile; mais, de leur côté, elles ne devront pas négliger les éléments d'information qu'offrent les écritures administratives, sauf à les faire compléter par des notes techniques, demandées aux médecins et chirurgiens.

Le présent règlement ne parle pas des successions hospitalières. Ce sujet qui se rattache étroitement aux comptes matières, a été traité dans le règlement de la comptabilité des économes au chapitre des carnets auxiliaires. Je me borne à rappeler ici la nécessité de désinfecter les effets des décédés avant de les rendre, s'il y a lieu, à leurs familles.

CHAPITRE VIII

Travail.

Art. 44

Le travail est organisé, autant que possible, à l'hospice en vue d'occuper les hospitalisés en état de s'y livrer.

Le règlement de 1840 prescrivait le travail obligatoire, et presque tous les règlements hospitaliers sont faits en conformité de cette règle. Il s'inspirait évidemment de la loi du 16 messidor an VII qui voulait que le Directoire fît introduire dans les hospices des travaux convenables à l'âge et compatibles avec les infirmités des assistés. Il convient de faire remarquer qu'un décret du 24 mars 1848, s'il n'a pas aboli le travail dans les hospices, l'a du moins singulièrement entravé; l'article 4 de ce décret est ainsi conçu :

A l'avenir, les travaux exécutés soit dans les prisons, soit dans les établissements de charité ou dans les communautés religieuses, seront réglés de manière à ne pouvoir créer pour l'industrie aucune concurrence fâcheuse.

Cette disposition légale est toujours en vigueur. D'ailleurs, la vieillesse et la débilité ayant enlevé la possibilité de travailler pour vivre, ce qui est la raison d'être de l'hospitalisation, le travail à l'hospice ne peut pas avoir le caractère d'un travail régulier, d'un atelier organisé. Il doit se comprendre plutôt comme distraction, et s'appliquer de préférence à des besognes d'intérieur.

L'obligation du travail se trouve donc très atténuée dans le nouveau règlement. Elle cesse d'être sanctionnée par des pénalités spéciales. Certes, il est très désirable que, en principe, la population de l'hospice travaille. Le maintien du bon ordre est plus facile parmi un personnel occupé; le poids des journées est moins lourd à celui qui agit; sentir que l'on est utile dans la mesure de ses moyens rehausse l'homme à ses propres yeux; enfin, si mince qu'il soit, le produit du travail permet d'élargir un peu l'assistance. Mais il faut se garder d'envisager la mise en exercice du peu de forces qui restent au vieillard et à l'incurable comme une ressource pour l'établissement. La préoccupation dominante de la commission sera de ménager l'effort suivant les facultés de chacun; elle usera du conseil et de l'encouragement, non de la contrainte; elle incitera les hospitalisés à se rendre mutuellement service en se livrant à des occupations qui varieront suivant l'âge et suivant le sexe. Dans les asiles de vieillards, les hommes collaboreront à l'entretien des jardins; les femmes, aux soins de la basse-cour; dans les maternités, les expectantes seront employées à la confection du linge; dans les quartiers d'enfants, garçons et filles apprendront à tenir proprement un intérieur de maison.

Il n'est pas inutile de recommander aux commissions hospitalières d'exclure de leur programme de travail certains travaux tels que le cardage de la laine qui, par mesure d'hygiène, devraient toujours être effectués à l'extérieur de l'établissement, et, autant que possible, à l'aide de procédés mécaniques.

Fort peu d'hospices ont organisé des ateliers pour les vieillards et les incurables d'après les prévisions du règlement de 1840; c'est plutôt dans les orphelinats que l'on rencontre de véritables exploitations industrielles. Là, il y a une sérieuse réforme à réaliser. Le règlement modèle des orphelinats, reproduit ci-après (annexe VI, page 139), indique les conditions dans lesquelles cette réforme doit s'accomplir.

Il est à peine besoin de dire que les ateliers ne sauraient être tolérés s'ils ne réunissaient pas, au point de vue de la salubrité, les conditions d'installation désirables. Le questionnaire de 1888 a signalé cette exigence de l'hygiène dans la note explicative de la question n° 230, l'inspection générale de l'assistance publique ayant relevé l'organisation défectueuse des ateliers de travail dans certains hospices.

Art. 45

Les travaux doivent être appropriés à l'âge et aux capacités de l'hospitalisé constatées par le médecin.

Note. — *Ajouter, s'il y a des ateliers autorisés : la durée du travail est fixée de à en été, de à en hiver.*

Il est fait ici application du principe général consacré par l'article précédent.

Les travaux devront être appropriés à l'âge de l'hospitalisé, et à ses capacités. Sur ce dernier point, la commission administrative en référera au médecin, qui est le mieux à même de juger si la besogne dont on se propose de charger l'hospitalisé, ou dont il demande spontanément à s'acquitter, n'excède point ses forces, n'est point susceptible de nuire à sa santé.

On a vu, par les explications placées sous l'article 44, que le Conseil supérieur de l'assistance publique est peu favorable à la constitution d'ateliers de vieillards et d'incurables dans les hospices. Là cependant où ces ateliers existent, ils ne doivent pas être livrés à l'arbitraire. La durée des heures de travail doit être fixée par le règlement. Elle ne pourra donc être modifiée que par une délibération de la commission administrative revêtue de l'approbation préfectorale. Tel est l'objet de la note ajoutée à l'article.

Art. 46

L'économe est chargé de la direction du travail ; il tient un compte spécial des matières fournies et des produits fabriqués ou récoltés.

Pour bien spécifier le caractère tout exceptionnel des ateliers dans les hospices, l'article 46, à la différence de l'ancien règlement, charge l'économe de la direction, non des ateliers, mais *du travail*. Cette formule est d'ailleurs générale et s'applique évidemment au travail organisé en ateliers.

L'économe tiendra compte, non pas seulement des produits *fabriqués* comme le disait le règlement de 1840, mais aussi des produits *récoltés*. La plupart des hospices ont un jardin; beaucoup possèdent un verger, une vigne; les hopitalisés les plus valides y sont occupés. Il est nécessaire que le compte des produits soit exactement tenu par l'économe, afin que l'on sache quelle ressource en tire l'établissement, que l'on puisse comparer le profit avec les frais de culture, et ainsi calculer la somme qui revient, suivant les dispositions de l'article 47, aux « hospitalisés travailleurs ». Toute omission à cet égard a pour conséquence de fausser le prix de journée et de faciliter le gaspillage.

Art. 47

Le produit intégral du travail est versé immédiatement par l'économe dans la caisse du receveur.

Conformément à la loi du 16 messidor an VII, le tiers de ces sommes sera remis, tous les mois, aux hospitalisés travailleurs.

Si le travail ne peut être rémunéré dans ces conditions, il est fixé un prix de journée par le préfet, sur l'avis de la commission administrative.

La part revenant aux mineurs sera placée, pour leur compte, à la caisse d'épargne par les soins du receveur qui restera dépositaire du livret. Celui-ci leur sera remis à leur sortie définitive de l'hospice ou lorsqu'ils auront accompli leur vingt et unième année.

Il ne sera alloué aucun salaire aux apprentis pendant la durée de l'apprentissage.

Ces dispositions règlent la répartition du produit du travail des hospitalisés.

Les sommes provenant de ce travail, c'est-à-dire le produit intégral, doivent être versées immédiatement par l'économe dans la caisse du receveur. Seul en effet, aux termes de la loi, le receveur a qualité pour gérer les fonds de l'établissement; l'économe n'intervient ici que comme intermédiaire momentané, cet intermédiaire ne pouvant être évité à raison de la nature de l'opération. Aucune autre ingérence ne doit être tolérée: celle du personnel servant, trop fréquemment constatée par l'inspection générale, a le caractère très net d'une comptabilité occulte.

Le tiers du produit, du produit *intégral* du travail (et non du bénéfice: la discussion au Conseil supérieur a été claire à cet égard, et les termes de la loi du 16 messidor an VII ne prêtent pas à l'ambiguïté; il s'agit d'ailleurs du produit *net*, déduction faite, par exemple, des fournitures achetées pour la confection) est la propriété des hospitalisés travailleurs. Les sommes que représente ce tiers doivent être remises aux ayants droit, tous les mois, sauf pour les mineurs. La part appartenant à ceux-ci est placée pour leur compte à la caisse d'épargne. Le receveur *seul* doit être dépositaire du livret, dont il est responsable. C'est une prescription essentielle qu'on a souvent perdue de vue. Le livret n'est remis à son titulaire que lorsqu'il quitte définitivement l'hospice ou lorsqu'il a atteint sa majorité. Il est possible qu'avant cette époque il y ait lieu de lui donner quelques menues sommes; la commission administrative est libre de le faire, mais ces sommes ne doivent pas être prises sur le pécule épargné.

Il faut prévoir le cas où, pour une raison quelconque, le produit intégral du travail n'est pas connu. Sur la proposition de M. le sénateur Bérenger, le Conseil supérieur a émis l'avis, que j'adopte, que l'administration préfectorale doit, en vue de ce cas et sur la proposition de la commission hospitalière, fixer un prix pour la journée de travail. Le cas se présentera pour les hospitalisés travaillant à des besognes intérieures, comme aux cuisines, ou bien occupés aux champs, aux jardins. Il sera procédé pour les sommes représentant ce prix de journée comme pour le produit du travail; elles seront remises aux majeurs tous les mois, et pour les mineurs elles seront placées à la caisse d'épargne comme il vient d'être dit.

Durant l'apprentissage, quelle que soit la nature du travail, l'enfant ne produit pas en réalité; il n'a donc pas droit à un salaire pendant la durée de l'apprentissage. Cette durée est laissée à l'appréciation de la commission administrative, qui la fixera en toute équité. Elle variera vraisemblablement avec les forces et l'intelligence des enfants, et surtout avec la nature du métier qu'on leur apprendra.

Je profite de l'occasion pour dire que les exploitations agricoles ne sont pas à recommander aux établissements hospitaliers. Dans certains établissements d'assistance où elles aident, soit au traitement, comme dans les asiles d'aliénés, soit à l'éducation, comme dans les fermes-écoles, elles rendent d'évidents services; mais il est bien rare que dans l'administration des hôpitaux et des hospices elles n'offrent pas plus d'inconvénients que d'avantages. Quant aux immeubles de rapport, ils constituent un placement qui n'est souvent avantageux qu'en apparence, à cause du risque de non location des fermes et des dépenses importantes que nécessite la réfection des bâtiments ou des clôtures; c'est pourquoi la jurisprudence du Conseil d'État est fort sage, qui oriente les établissements publics vers la vente de leurs biens-fonds.

CHAPITRE IX

Régime alimentaire.

Art. 48

Le régime alimentaire est établi dans l'hôpital ou l'hospice par la commission administrative, d'accord avec le corps médical de l'établissement. Il n'y est apporté de modification que sur l'avis conforme du corps médical, et cet avis est spécialement joint à la délibération de la commission transmise au préfet pour approbation.

Note. — *Le Conseil supérieur donne, à titre d'indication pour les commissions administratives, les modèles de régimes alimentaires ci-après, résultant de travaux de commissions techniques spéciales, notamment de la commission instituée au ministère de l'intérieur en 1862, dont le rapporteur était M. Payen :*

RÉGIME DE L'HÔPITAL

A. *Régime des diètes et soupes.*

Le régime des diètes et soupes comprend :

1° La diète absolue qui ne comporte aucun aliment, ni bouillon, ni aucune espèce de boisson alimentaire;

2° La diète simple, qui comporte de 1 à 4 bouillons gras ou maigres, et facultativement 12 centilitres de vin;

3° Les soupes, c'est-à-dire selon la prescription, deux potages ou soupes, soit au gras, soit au maigre ou au lait, ou simultanément un potage et une soupe; facultativement 12 centilitres de vin avec le potage.

B. *Régime des aliments solides.*

1° Régime à 1 portion.	3° Régime à 3 portions.
2° — 2 —	4° — 4 —

Les quantités d'aliments se rapportant à chacun de ces régimes sont indiqués au tableau annexé au présent règlement.

RÉGIME DE L'HOSPICE

A. *Régime des travailleurs et valides.*	HOMMES	FEMMES
Pain (non compris le pain de soupe)	600 grammes.	500 grammes.
Vin	50 centilitres.	40 centilitres.
Viande (après préparation ; régime gras, 5 jours par semaine)	125 grammes.	
Légumes frais cuits	24 centilitres.	
ou Légumes secs (cuits)	36 —	
B. *Régime des non-travailleurs et infirmes sédentaires.*	HOMMES	FEMMES
Pain (non compris le pain de soupe)	500 grammes.	400 grammes.
Vin	30 centilitres.	25 centilitres.
Viande (5 jours gras) après préparation	100 grammes.	
Légumes frais cuits	20 centilitres.	
ou Légumes secs (cuits)	28 —	
C. *Régime des enfants.*	AU-DESSUS de 13 ans.	AU-DESSOUS de 13 ans.
Pain (non compris le pain de soupe)	500 grammes.	400 grammes.
Viande (cuite)	125 —	80 —
Vin	30 centilitres.	25 centilitres.
Légumes frais cuits	20 —	20 —
ou Légumes secs (cuits)	36 —	14 —

La détermination du régime alimentaire, pour l'hôpital et pour l'hospice, présente une importance capitale tant au point de vue de la santé des hospitalisés, point de vue qui doit dominer, qu'à celui des intérêts économiques de l'établissement.

Ainsi que le prescrit la circulaire ministérielle du 31 janvier 1840, les administrations hospitalières doivent se maintenir dans les limites d'une sage économie; mais elles doivent éviter de tomber dans la parcimonie, ayant présent à l'esprit qu'une alimentation insuffisante entraîne fatalement un accroissement de mortalité, vérité démontrée par une expérience constante. Or, ce serait une bienfaisance bien mal entendue que celle qui, pour recueillir un plus grand nombre d'hospitalisés, les placerait dans des conditions telles que leur existence en serait abrégée. Au surplus, pour ce qui regarde les hôpitaux, on ne doit pas oublier que la loi de 1893 crée des obligations nouvelles et étroites. L'individu qui est envoyé à l'hôpital en vertu de cette loi n'est pas une charge pour l'établissement; celui-ci doit être remboursé de ce qu'il dépense, et les collectivités qui doivent l'assistance la doivent réelle et efficace, c'est-à-dire comportant une alimentation qui ne soit pas débilitante.

Mais il importe de tenir compte, en cette matière, des usages locaux, des produits propres à chaque contrée, et le Conseil supérieur a pensé qu'il est impossible de fixer *a priori* pour toute la France des règles précises suivant lesquelles serait déterminé le régime alimentaire des établissements hospitaliers.

Chaque commission administrative, en rédigeant l'article 48 de son règlement, devra donc fixer ce régime. Il faut qu'il le soit, et qu'il le soit par la commission elle-même, dans le règlement qui constitue l'engagement qu'elle prend envers ceux qu'elle aura à recueillir. On ne comprendrait pas qu'elle pût déléguer cette attribution essentielle. Pour l'établir, elle consultera le corps médical de l'établissement; elle ne saurait avoir de meilleur guide. A titre d'indication, elle trouvera dans la note que le Conseil supérieur a placée sous l'article 48 des modèles de régimes alimentaires résultant de travaux de commissions techniques spéciales, notamment des études de la commission instituée en 1862 auprès du ministère de l'intérieur et dont une circulaire du 22 avril 1864 fit ressortir l'importance.

Le corps médical et la commission administrative s'en inspireront en les appropriant aux habitudes et aux besoins locaux.

Si la commission administrative accepte, comme le lui conseille avec insistance le Conseil supérieur, de se lier par son règlement sur ce point en acceptant le texte du règlement modèle, le régime alimentaire, une fois établi, ne pourra plus être modifié que sur l'avis conforme du corps médical, et vous tiendrez la main, monsieur le préfet, à ce que cet avis accompagne la délibération modificative qui serait soumise à votre approbation.

La Commission administrative n'oubliera pas qu'il est un aliment sur lequel elle devra concentrer son attention: je veux parler de l'eau de boisson. Elle ne négligera aucun effort pour fournir aux hospitalisés de l'eau de source, captée avec soin et conduite de telle sorte que sur son

trajet sa contamination ne soit pas possible. Si elle peut l'obtenir en se rattachant à la canalisation de la ville, tant mieux. Si l'eau de la ville ne réunit pas ces conditions de pureté, l'hôpital ou l'hospice devra chercher à se créer une distribution séparée. A quelque parti que la commission s'arrête, elle devra veiller pour ainsi dire journellement à ce que les eaux, recueillies pures, restent pures. Ce résultat sera grandement facilité si la commission, (qu'ici encore elle se soit ou non entendue avec la ville) a pourvu à l'établissement d'un bon système d'évacuation, entraînant loin de la maison toutes les matières usées sans exception, et les entraînant immédiatement, sans stagnation quelconque sur aucun point. A ce prix seulement la maison sera propre, et les eaux de boisson, si elles sont d'autre part l'objet d'une protection suffisante, ne risqueront pas d'être souillées. Si par malheur il est impraticable de donner aux hospitalisés de l'eau de source, la commission pourvoira sa distribution d'eau de filtres efficaces, comme le ministère de la guerre l'a fait avec tant de succès dans les casernes, et elle multipliera les précautions et les surveillances pour que ces filtres soient exactement entretenus, et que les pauvres dont la santé est remise à sa garde ne boivent pas d'autre eau que celle ayant passé par ces filtres.

La question du régime alimentaire m'amène à parler des approvisionnements. A ce sujet, je rappelle que l'adjudication doit être la règle pour les fournitures faites aux établissements. hospitaliers, et que ceux-ci doivent avoir des magasins, afin que le contrôle de la comptabilité-matières soit possible (consulter à cet égard le règlement sur la tenue de comptabilité des économes dans les établissements publics d'assistance).

Art. 49

Les repas sont ainsi réglés:

1° Pour l'hôpital :

Adultes, deux repas.

Déjeuner, heures: soupe, viande, légumes.
Dîner, heures: soupe, viande, légumes.

Enfants au-dessus de dix ans, trois repas.

Petit déjeuner, heures: soupe.
Déjeuner, heures: soupe, viande, légumes.
Dîner, heures: soupe, viande, légumes.

Enfants au-dessous de dix ans, quatre repas.

Petit déjeuner, heures : soupe au lait.
Déjeuner, heures : soupe, viande, légumes.
Goûter, heures : pain.
Dîner, heures : soupe, viande, légumes.

2° Pour l'hospice :

Adultes et enfants, trois repas.

Petit déjeuner, heures : soupe ou café au lait.
Déjeuner, heures : soupe, viande, légumes.
Dîner, heures : soupe, légumes, fromage.

NOTE. — *Les enfants au-dessous de dix ans font une collation, à l'hospice comme à l'hôpital.*

Il convient que les heures des repas soient fixées d'une façon précise, soit à l'hôpital, soit à l'hospice, et pour chaque catégorie d'hospitalisés.

L'objet de l'article 49 laisse d'ailleurs en blanc les heures des différents repas, heures que chaque commission déterminera suivant les convenances et les habitudes locales, ainsi qu'il a été dit à l'article précédent.

Pour ce qui est de la composition des repas, cet article ne donne que des indications générales, et les prescriptions réglementaires recevront dans la pratique toutes les modifications que l'état de tel ou tel hospitalisé fera juger nécessaires par le médecin. La suralimentation est indiquée dans tel cas ; la diète dans tel autre. Pour un convalescent, le régime peut varier chaque jour. Néanmoins, il est utile que la commission fasse une règle pour les circonstances ordinaires, et c'est là le but de l'article.

ART. 50

Le régime alimentaire des pensionnaires payants sera fixé par délibération spéciale de la commission administrative si celle-ci croit devoir le faire différer de celui des autres hospitalisés.

La rédaction formulée par le Conseil supérieur pour cet article et pour l'article suivant reproduisait, par mégarde sans doute et en tout cas sans discussion, des dispositions tendant à majorer la ration de vin en dehors de toute indication médicale et seulement à raison de la situation des personnes (fonctionnaires ou pensionnaires payants). J'ai cru devoir leur substituer un texte plus large.

En ce qui concerne le régime des pensionnaires, on ne devra faire entrer dans sa composition aucun alcool ni liqueur alcoolique. Quant aux boissons fermentées dites hygiéniques, la ration devra en être rigoureusement mesurée. Par exemple, la quantité de vin ne devra jamais dépasser par jour 75 centilitres pour les hommes et 50 centilitres pour les femmes, maxima adoptés par le Conseil supérieur. C'est d'ailleurs une erreur de considérer les alcools comme des aliments: ils sont, au contraire, totalement dépourvus de principes nutritifs, et le café, le thé, dans la plupart des cas, les remplaceront avantageusement.

J'ajoute, pour répondre à certaines préoccupations, que le médecin sera libre de prescrire aux alcooliques un régime de transition comportant une dose d'alcool décroissante, mais que le traitement des alcooliques se pratique aujourd'hui avec succès par l'abstention totale et immédiate de toute liqueur fermentée, notamment en soumettant le malade au régime lacté.

Art. 51

A l'hôpital comme à l'hospice, le personnel nourri dans l'établissement pourra avoir un régime particulier différent du régime ordinaire des hospitalisés et qui ne sera pas inférieur à celui des pensionnaires payants.

Ces articles cadrent plus particulièrement avec les indications données dans la note qui accompagne l'article 48. Mais, quel que soit le régime général adopté par la commission hospitalière, celle-ci trouvera dans ces dispositions pour le régime alimentaire spécial qui y est prévu de très utiles indications. En ce qui concerne le breuvage, c'est l'eau qui doit toujours en être la base et j'insiste à ce propos sur ce que j'ai dit à l'article 48 touchant les précautions qu'il convient de prendre pour disposer de bonne eau potable. Si l'eau est ce qu'elle doit être, on ne saurait qu'approuver les administrateurs qui s'efforceront de faire comprendre qu'elle peut parfaitement constituer l'unique boisson.

Art. 52

Au commencement de chaque semaine, l'économe arrêtera, de concert avec le surveillant de la cuisine, le menu des repas pour toute la semaine. Ce menu sera communiqué pour avis aux médecins de l'établissement.

Cet article règle l'application pratique des dispositions générales contenues dans l'article 48. L'économe établira les menus normaux, mais non pas sans avoir pris l'avis des médecins, lesquels veilleront à ce que ces menus soient à la fois substantiels, hygiéniques et suffisamment variés.

Le Conseil supérieur avait proposé de prévoir des jours gras et des jours maigres, mais il m'a paru, ainsi qu'aux rédacteurs des documents de 1840, que cette indication ne saurait trouver sa place dans un règlement applicable à tous.

La distinction des repas gras et des repas maigres devra néammoins être faite dans la pratique en faveur de ceux qui la demandent pour satisfaire à leurs devoirs religieux. Ce serait entreprendre contre la liberté de conscience que de ne pas fournir à un catholique pratiquant le moyen de faire maigre à tels ou tels jours. L'exercice de cette liberté comporte une restriction, celle qui serait imposée par une ordonnance du médecin. Nul ne saurait s'en plaindre, car chacun, en sollicitant l'entrée dans l'établissement, a implicitement accepté d'y être soigné conformément aux prescriptions médicales.

C'est ici le lieu d'appeler l'attention de la commission administrative sur la bonne installation de la cuisine et sur le choix des appareils culinaires. Le questionnaire de 1888 en fait l'objet d'une mention (n° 250) et spécifie que des mesures doivent être prises pour que les aliments ne se trouvent pas refroidis pendant leur transport de la cuisine au réfectoire.

Art. 53

A l'hospice, tous les repas seront pris en commun et dans les réfectoires.

Note. — *La même disposition sera prise à l'hôpital.*

La disposition correspondante de l'ancien règlement modèle ne parlait que des hospices, et la circulaire ministérielle du 31 janvier 1840 disait :

> Cet article contient une disposition importante pour l'ordre et la propreté. Quelques hospices sont dépourvus de réfectoires, et les repas n'y étant pas pris en commun, il en résulte que les indigents mangent dans les dortoirs et à toute heure. Un pareil désordre ne saurait être trop promptement réprimé.

Cependant l'inspection générale rencontre encore ce désordre dans quelques établissements. Il importe qu'il disparaisse complètement. La commission administrative examinera dans quel cas et dans quelle mesure il convient d'astreindre les pensionnaires en chambre à prendre leurs repas au réfectoire : c'est là une question d'espèce qu'il ne semble pas possible de trancher dans le règlement modèle.

La même prescription du repas en commun doit être étendue à l'hôpital, et appliquée aussi largement que le permet l'état des malades. Sans doute, il est des malades qui ne peuvent être nourris que dans leur lit ; mais, pour les malades comme pour les vieillards, le réfectoire doit exister. Telle est la portée de la note qui accompagne l'article.

CHAPITRE X

Ordre et discipline. — Police intérieure.

Art. 54

Toutes les personnes admises, soit dans l'hôpital, soit dans l'hospice, à quelque titre que ce soit, sont tenues de se conformer aux mesures d'ordre et de discipline que la commission administrative croit devoir prescrire.

Le règlement reproduit ici le texte de celui de 1840. La circulaire du 31 janvier 1840 ajoutait que les parties du règlement, qu'il est nécessaire que les hospitalisés connaissent, doivent en conséquence être imprimées et rester affichées dans les salles et les autres parties de l'établissement. On verra plus loin que l'article 67 prévoit l'affichage du règlement tout entier.

Du reste, ce ne sont pas seulement les prescriptions du règlement que vise cet article, c'est toute « mesure d'ordre » que la commission juge à propos de prescrire. Ce peut être une disposition de détail, par exemple, le chemin à suivre pour se rendre d'un point à un autre. Ce peut être une disposition transitoire, par exemple, la défense de pénétrer dans telle partie de l'établissement où s'effectuent des réparations. Ce peut être telle prescription urgente, destinée à être ensuite sanctionnée par la voie réglementaire. Les administrateurs doivent avoir à cet égard une grande latitude, mais il faut aussi qu'ils rendent compte publiquement de leurs actes. Pour les mesures urgentes, comme pour les mesures transitoires, comme pour les dispositions de détail, il est désirable que la commission en impose l'affichage dans l'établissement ; au bas de l'affiche sera indiquée l'autorité (commission ou administrateur de service) qui prend la responsabilité de l'ordre donné.

Art. 55

Les employés qui logent dans les établissements hospitaliers doivent rentrer à heures du soir.

Il ne doit y avoir pendant le jour qu'une porte ouverte dans chaque établissement hospitalier, et les clés doivent en être remises, chaque soir, à la personne chargée d'assurer la garde de l'établissement pendant la nuit.

« Les employés logés dans les établissements hospitaliers, disait le règlement de 1840, devront être rentrés à l'heure indiquée par l'administration; mais le nombre de ces employés doit être aussi restreint que possible, car les logements accordés dans les hospices sont une source d'abus. » Afin de diminuer les causes de ces abus, il faut que le logement ne soit accordé à des employés de l'établissement qu'autant qu'il sera démontré que leur présence à l'hôpital ou à l'hospice a son utilité éventuelle pendant la nuit. D'autre part, les sollicitations auxquelles la commission administrative aura à résister diminueront de beaucoup, si son règlement exige que toutes les personnes logées dans l'établissement se conforment aux exigences de la discipline intérieure, et notamment soient rentrées tous les soirs à l'heure de fermeture des portes. Il ne serait pas admissible qu'une double clé fût remise à tel ou tel employé; la commission administrative ne doit jamais tolérer que la responsabilité des entrées et des sorties de nuit soit divisée. Si l'établissement a un portier, la commission laissera sans doute cette responsabilité à cet employé spécial; s'il n'en a pas, elle devra désigner d'une façon précise la personne unique (directrice ou surveillante en chef) qui aura la garde pendant la nuit de toutes les clés des portes donnant accès sur l'extérieur.

Pendant le jour, il ne devra y avoir qu'une seule porte ouverte de façon à simplifier la surveillance, mais il va de soi que l'établissement pourra être muni de diverses portes correspondant chacune à un besoin déterminé. Il est désirable qu'il existe une porte charretière; une porte pour l'entrée des objets infectés venant du dehors et destinés à l'étuve; une autre porte pour la sortie des objets désinfectés; une porte particulière pour l'arrivée des corps à la salle d'autopsie, et une porte pour la sortie des convois funèbres. Toutes ces portes accessoires devront demeurer fermées, sauf au moment où leur usage s'imposera, et les clés en seront conservées par la personne à ce commise.

Art. 56

Le personnel et les hospitalisés changent de linge toutes les semaines. Les draps de lits sont renouvelés tous les quinze jours.

Cette disposition ne s'applique point aux malades, qui changent de linge aussi souvent que leur état le rend nécessaire.

Les employés de l'établissement sont tenus à une parfaite propreté; ils doivent prendre un grand bain ou un bain-douche au moins une fois par mois.

Les personnes recueillies à l'hospice reçoivent toutes, sauf contre-indication médicale, un grand bain ou un bain-douche tous les mois et un bain de pieds toutes les semaines.

Les dispositions édictées par l'ancien règlement pour assurer la propreté de la population de l'établissement hospitalier sont ici notablement étendues.

Les draps de lits devront être changés, non pas seulement tous les mois, mais tous les quinze jours.

Pour que le change de linge s'opère avec la périodicité convenable, il n'est pas nécessaire que la lingerie soit abondamment fournie; celle-ci peut être modeste à condition que le service de la buanderie fonctionne activement. J'ai donné plus haut (commentaire de l'article 13) quelques détails sur les buanderies hospitalières; vous pourrez aussi consulter à ce sujet le questionnaire de 1888 (n°s 99 et suivants).

La question des bains est l'objet de prescriptions formelles. Les employés de l'établissement et, plus particulièrement, les infirmières, laïques ou congréganistes, qui approchent les malades doivent être d'une propreté irréprochable. Le bain mensuel, prescrit d'une façon générale pour le personnel, doit être considéré comme un minimum.

Il importe de veiller également avec l'attention la plus vigilante aux soins de propreté corporelle des personnes recueillies à l'hospice, quel que soit leur âge. Les lavabos doivent être installés de manière à faciliter aux deux sexes les divers soins de toilette. Les bains de pieds, les grands bains ou bains-douches doivent être donnés très exactement, aux périodes fixées par l'article 56, à moins d'indication médicale contraire.

A cet effet, il est de toute nécessité que chaque hôpital ou hospice possède une installation hydrothérapique complète, proportionnée à l'importance de l'établissement et conçue de telle façon qu'en aucune saison on n'hésite à l'utiliser. Une ou plusieurs baignoires mobiles constituent un outillage tout à fait insuffisant, même pour un petit hôpital-hospice. Partout, des locaux particuliers doivent être affectés exclusivement à ce service, avec cabines spéciales pour le bain-douche et pour les bains médicamenteux. Partout où cela sera possible il conviendra d'avoir une distribution spéciale d'eau chaude qui desservira les lavabos en même temps que les baignoires et profitera au service des salles. En outre, il importe que l'installation soit combinée de façon à assurer l'extinction rapide des commencements d'incendie, tant au moyen de tuyaux de raccord s'adaptant aux prises d'eau qu'au moyen d'une pompe à incendie dont le bon état devra être contrôlé à des périodes rapprochées, par exemple, tous les mois.

Beaucoup d'hôpitaux s'efforcent aujourd'hui de créer des services hydrothérapiques accessibles aux personnes du dehors, que celles-ci soient ou non indigentes. Une telle création se justifie quand il s'agit de doter une commune de bains publics qui lui font défaut, mais elle ne va pas sans quelque danger, car il est à craindre que l'administration hospitalière oublie à cette occasion que les deniers des pauvres ne sauraient être légitimement employés, ni à procurer du bien-être aux personnes aisées, ni à tenter une opération industrielle ou commerciale.

Je ne crois pas qu'il y ait un seul établissement hospitalier dans lequel on ait négligé de réserver au moins une pièce au service de la lingerie, et je suis heureux de pouvoir dire à cette occasion que les lingeries hospitalières m'ont été représentées comme généralement tenues avec une très grande propreté. Mais les représentants du ministre qui ont fait cette constatation ont été parfois obligés d'appeler l'attention des commissions administratives sur un abus qui consiste à faire servir la lingerie à une sorte d'exhibition du linge de réserve, tandis qu'elle doit rester le magasin général du linge de la maison. M. le Dr Henri Napias a décrit (1) la lingerie où les draps de lits, les serviettes, les mouchoirs, les gilets de tricot, les bas de laine, les bonnets, les camisoles forment des dessins variés, et il la blâme avec juste raison. Si pareille tendance se rencontrait dans certains hospices de votre département, vous devriez faire observer que la fantaisie ne doit point avoir sa place dans l'arrangement d'objets simplement utiles et d'un usage courant. La lingerie doit d'ailleurs être installée de manière que le linge soit aussi aéré que possible.

(1) *L'assistance publique dans le département de Sambre-et-Loire*, p. 41.

ART. 57

Les hospitalisés, lorsque leur santé le permettra, se lèveront à heures du matin, et seront tenus de se coucher à en été, et à heures du soir en hiver, le tout sauf indication contraire du médecin.

Le personnel se lèvera à heures du matin depuis le jusqu'au et à heures du au

Pour cet article, les dispositions de l'ancien règlement modèle avaient été conservées, le Conseil supérieur les ayant laissé passer sans observation. Elles portaient notamment obligation pour les malades de se coucher à la nuit close, en été comme en hiver, et indiquaient pour les « habitants de l'hospice » des heures de lever et de coucher qui paraissaient devoir être différentes de celles imposées aux malades.

Il m'a semblé préférable de reproduire ici un des articles du récent règlement de l'hôpital de Tournan, qui distingue comme il convient les heures de lever et de coucher du personnel desservant de celles du lever et du coucher des hospitalisés, et qui permet la veillée en hiver, sauf contre-indication du médecin; mais j'ai cru devoir laisser en blanc les chiffres des heures; chaque commission hospitalière remplira ces lacunes.

D'autre part, j'ai supprimé la distinction des malades d'avec les vieillards pour les heures de lever et de coucher; je ne vois aucune raison de fixer *a priori* la durée de la journée d'un vieillard autrement que celle d'un malade, étant bien entendu qu'il s'agit seulement de la journée normale et que le médecin peut toujours la modifier suivant les nécessités du traitement et l'état de santé de l'hospitalisé.

Il va de soi que les heures du lever et du coucher seront les mêmes pour les deux sexes, mais ces heures ne seront applicables *de plano* qu'aux hospitalisés adultes. S'il existe dans l'établissement un service d'enfants, la commission administrative fera bien d'indiquer pour eux, dans son règlement, un horaire différent, établi après avis des médecins.

ART. 58

Les parents ou amis des hospitalisés seront admis à les visiter deux fois par semaine, les et les de à

Il n'y aura d'exception qu'en vertu d'une permission spéciale de l'administrateur de service.

Il est interdit aux visiteurs d'introduire des comestibles, des liquides ou des médicaments sans l'autorisation du médecin.

Tout infirmier ou servant qui, sans y avoir été autorisé, aura introduit des objets de cette espèce, ou qui aura accepté un pourboire ou une gratification, sera immédiatement renvoyé.

La régularité et l'ordre du service exigent que l'on précise les jours et les heures auxquels on pourra visiter les hospitalisés.

Comme la santé et la vie même des hospitalisés peuvent être compromises par des écarts de régime, rien ne saurait être plus rigoureusement prohibé que l'introduction en fraude d'aliments, et très particulièrement celle de boissons fermentées. C'est assurément un des devoirs les plus stricts du personnel d'empêcher toute infraction à cette règle.

Le nouveau règlement prend soin de spécifier que l'interdiction s'étend aux médicaments, et ajoute cette précision à celles du règlement de 1840. C'est que l'expérience a montré que des amis, des parents, le personnel hospitalier lui-même, ont parfois leurs remèdes que, avec les meilleures intentions du monde, ils substituent à ceux que le médecin a prescrits. Et ainsi, avec les meilleures intentions du monde, ils tuent le malade. Le fait s'est produit plus d'une fois. L'administrateur de service doit, de ce côté, avoir l'œil ouvert, non seulement sur les visiteurs, mais encore sur les surveillantes et les infirmières.

Le nouveau règlement spécifie enfin, comme cause de renvoi immédiat, le fait pour un infirmier, une infirmière, un servant ou une servante, d'avoir accepté un pourboire quelconque, une gratification de quelque nature qu'elle soit. Il est regrettable qu'il faille insister sur ce point; les établissements hospitaliers appartiennent aux pauvres, ceux qui sont dénués de tout doivent recevoir les soins les plus attentifs, les plus empressés, les plus minutieux, les mêmes que reçoivent les rares pensionnaires payant en chambre un prix élevé. C'est une honte pour le personnel quand, même à tort, il peut être soupçonné de marquer des égards particuliers à ceux qui les reconnaissent par des rémunérations, petites ou grandes. Que dire lorsque ce soupçon est justifié? Le *pourboire* est la plaie de certains grands hôpitaux. A tout prix, il doit disparaître. Quand quelques exemples auront convaincu les hospitalisés d'une part, les servants et infirmiers d'autre part, que la remise par un des premiers à un des seconds d'une pièce de cinq centimes entraîne, sans aucune rémission, le renvoi immédiat de celui qui l'a reçue, cette fatale pratique aura pris fin pour l'honneur de l'assistance publique.

Art. 59

Les vieillards, infirmes et incurables admis dans l'hospice, pourront sortir de l'établissement de heures à heures.

Les enfants seront conduits à la promenade deux fois par semaine, et plus souvent s'il est possible, par un employé ou une surveillante.

L'hospice n'étant ni une prison ni un couvent, ses pensionnaires ont la faculté de sortir quand leur état de santé le permet; mais, pour le bon ordre, les heures de ces sorties et leur durée maxima doivent être fixées d'avance.

En ce qui concerne les enfants, leur sortie ne saurait s'effectuer que dans les conditions admises pour tous les internats, c'est-à-dire qu'ils doivent être accompagnés à la promenade par une personne qui aura la responsabilité de leur surveillance. Le règlement de 1840 ne prévoyait la promenade des enfants que le jeudi; la nouvelle rédaction exige que la promenade soit au moins bi-hebdomadaire ; elle ne la fixe pas à des jours de la semaine déterminés.

En ce qui concerne les vieillards, les sorties seront individuelles, chaque hospitalisé étant libre de s'absenter quand bon lui semble, sous la seule réserve de ne causer ni trouble ni désordre. Ainsi, il devra être rentré, non seulement la nuit, mais encore aux heures où le règlement veut qu'il participe à la vie en commun (repas, travail, etc.). On ne saurait, bien entendu, étendre cette prohibition aux heures où ont lieu des exercices religieux, car ce serait exercer une sorte de contrainte sur les hospitalisés qui ne croient pas devoir y assister. A cet égard, le nouveau règlement modèle est plus libéral que l'ancien qui avait adopté la forme prohibitive : « les indigents *ne pourront* sortir *que*... ».

Je ne me dissimule pas que, souvent, la commission aura à réagir contre la fréquence des sorties qui pourront avoir pour objet la fréquentation des cabarets, mais j'estime qu'à cet égard les moyens de contrainte seraient la plupart du temps abusifs et inefficaces. Pour retenir dans l'établissement les vieillards valides, le mieux est de leur ménager des distractions, comme on leur en procure déjà dans certains établissements, à peu de frais ou mieux gratuitement. Par ma circulaire du 30 juillet dernier, j'ai porté à votre connaissance l'invitation que M. le ministre de la guerre venait d'adresser aux commandants de corps d'armée en vue de généraliser, conformément au désir exprimé par le parlement, les auditions de musiques militaires dans les hospices (1). Dans le même ordre d'idées, je signale la pratique de jeux tels que le jeu de boule, dont l'administration des hospices de Tourcoing a fait l'installation pour amuser ses vieillards. Enfin, je rappelle qu'il est bon que les vieillards aient une salle de récréation où ils puissent fumer, et que l'article 16 de la loi de finances du 16 avril 1895 a autorisé la délivrance des tabacs à prix réduits en faveur des établissements hospitaliers pour la consommation des assistés, comme en faveur des corps de troupe. Les administrateurs qui voudraient des détails sur les conditions de la vente des tabacs aux hospices les trouveront dans ma circulaire du 17 décembre 1895.

Art. 60

Les hospitalisés ne pourront introduire dans l'établissement aucune liqueur spiritueuse. S'ils contreviennent à cet ordre, ils seront privés de sortie pendant

Les liquides seront saisis.

Cet article est le complément nécessaire des articles 50 et 51 concernant le régime alimentaire. On comprend sans peine que la réglementation de ce régime serait illusoire, si les hospitalisés avaient la faculté d'apporter du dehors des liqueurs alcoolisées que le médecin de l'établissement aura proscrites dans l'intérêt de leur santé ou en vue de leur guérison.

Art. 61

Tout assisté qui se sera absenté de l'hospice pendant quarante-huit heures sans permission ne pourra plus y rentrer sans qu'une nouvelle admission lui ait été accordée dans les formes prescrites par les articles 38 et 39.

Les vieillards auxquels on aura accordé la plus grande liberté pour les sorties, et auxquels on aura rendu le séjour de l'établissement aussi supportable que possible, seraient sans excuse d'outrepasser leurs droits. A juste titre, on devrait alors les considérer comme ayant spontanément renoncé au bénéfice de l'assistance hospitalière et ils ne pourraient en profiter à nouveau qu'à la suite d'une réadmission.

(1) Voyez aussi ma circulaire du 2 février 1899 relative aux pensionnaires des hospices, par laquelle, déférant au désir exprimé par la chambre des députés, je vous recommande d'engager les commissions hospitalières à faciliter la correspondance des vieillards avec leur famille, en leur fournissant gratuitement les timbres-poste indispensables.

ART. 62

Il est défendu aux personnes admises dans l'hospice de mendier, soit dans l'établissement, soit au dehors, sous peine d'être privées de sortie pendant mois.

En cas de récidive, le coupable pourra être renvoyé de l'hospice.

L'article 62 reproduit, en atténuant la rigueur de la pénalité (il dit « pourra être » au lieu de « sera » renvoyé), une disposition du règlement de 1840 sur laquelle j'appelle votre attention : il s'agit de l'interdiction de mendier.

La mendicité ne doit jamais être acceptée comme un moyen normal de subsistance. En fait, elle est, à moins d'être une fraude, la ressource de l'indigent non secouru ou incomplètement secouru. Elle ne peut donc se concevoir chez des personnes recueillies dans un établissement public où les secours doivent être suffisants. Il arrive que, bien que ces secours soient suffisants, les hospitalisés mendient ; ils le font pour satisfaire, non à des besoins, mais à des vices, et l'on en rencontre aux abords des hospices qui ont employé le produit de la mendicité à s'enivrer. Ceci ne doit pas être toléré : après un avertissement suivi d'une première punition, le coupable devra quitter l'établissement.

ART. 63

Les injures graves, les provocations entre les personnes reçues dans l'hospice et les propos obscènes seront punis d'une réprimande publique.

En cas de récidive, les contrevenants seront privés de sortie pendant mois.

Si les injures sont adressées à un employé ou à une surveillante, laïque ou congréganiste, le délinquant sera, pour la première fois, puni de la privation de sortie pendant mois, et, pour la seconde fois, son renvoi pourra être prononcé par la commission administrative. Cette dernière punition sera appliquée en cas de voies de fait.

ART. 64

L'insoumission habituelle, un acte grave d'insubordination, l'inconduite notoire, et notamment l'habitude de l'ivresse, soit dans l'intérieur de l'établissement, soit au dehors, sont autant de causes de renvoi pour les vieillards, infirmes et incurables.

Art. 65

Les réprimandes et les punitions ne pourront être infligées que par l'administrateur de service qui devra en rendre compte à la commission administrative dans sa première réunion.

Le règlement de 1840 justifiait les dispositions disciplinaires dans les termes que voici :

La juste sévérité des dispositions contenues dans ces articles est indispensable pour maintenir l'ordre et la régularité, sans lesquels les établissements charitables ne pourraient pas remplir leur destination. Nul ne pourra, d'ailleurs, s'en plaindre, puisqu'en entrant dans l'hospice il aura pris connaissance du règlement, et sera censé en avoir accepté toutes les conditions.

Les pénalités du règlement de 1840 ont été toutefois quelque peu atténuées; notamment la chambre de discipline destinée à renfermer les insubordonnés a été supprimée. Dans la pratique, cette pénalité était restée presque sans application. Sa suppression est ainsi justifiée par le rapporteur, M. l'inspecteur général Drouineau :

Outre qu'il répugne à l'esprit de créer dans des établissements de bienfaisance un petit cachot à l'usage de malheureux vieillards dont le caractère, aigri parfois par une existence de peines et de luttes, peut être difficile à corriger, ou dont les facultés intellectuelles affaiblies enlèvent à leurs actes une part de responsabilité, il nous semble dangereux de mettre une pénalité de cette sorte à la disposition de surveillants parfois enclins à peu d'indulgence.

Certainement on prévoit que cette peine ne peut être infligée que par l'administrateur lui-même et non par les surveillants. Mais qui saurait dire qu'en l'absence de l'administrateur une impulsion irréfléchie ne ferait pas user, mal à propos, de cette pénalité extrême? Les exemples ne sont pas rares dans les hospices d'une certaine dureté de cœur envers les vieillards, et même l'habit religieux n'en préserve pas toujours.

Il semble donc que la proscription est ici bien établie: elle est justifiée. Puisqu'on s'est passé de cette pénalité jusqu'ici, il est inutile de la faire revivre.

Il convient d'ajouter, relativement à l'article 65, que, sans exception, les réprimandes et les punitions sont prononcées par l'administrateur de service ; encore cet administrateur ne peut-il prendre aucune mesure répressive qu'à charge d'en rendre compte à la commission administrative dans sa plus prochaine réunion.

On remarquera que ces diverses dispositions doivent, comme c'est la règle en matière pénale, être interprétées limitativement. Il y aurait donc un abus — un abus grave — à appliquer, sous quelque prétexte ou pour quelque motif que ce soit, une pénalité autre que celles ci-dessus énumérées. Le malheureux qui bénéficie de l'hospitalisation n'aliène nullement sa liberté individuelle : celle-ci doit être respectée dans toute la mesure compatible avec la marche générale des services hospitaliers. Par exemple, le secret des lettres doit être strictement respecté; la correspondance écrite avec le dehors doit être, non seulement permise, mais facilitée. Ainsi encore, le lit du malade qui ne peut se lever doit être considéré comme constituant son domicile (questionnaire de 1888, développement du n° 37).

CHAPITRE XI

Approbation du règlement et des articles additionnels.

Art. 66

Le présent règlement sera soumis à l'approbation du préfet (1).

Le nouveau projet de règlement, au point de vue de l'approbation, devait faire état des principes de décentralisation consacrés par la loi du 7 août 1851. L'article 8 de cette loi dispose, en effet, d'une manière générale, que « la commission arrête, mais avec l'approbation du préfet, les règlements du service tant intérieur qu'extérieur... ».

C'est donc à votre approbation, monsieur le préfet, que doivent être soumis tous les règlements hospitaliers. D'une manière générale, vous tiendrez la main à ce que l'on ne s'écarte pas, sauf nécessité clairement justifiée, du type arrêté par le Conseil supérieur; vous trouveriez d'ailleurs mon administration toujours disposée à vous aider de son avis si vous éprouviez quelque difficulté pour apprécier une disposition s'éloignant de ce texte sur un point important.

Art. 67

Le présent règlement sera affiché, en permanence et en entier, à l'intérieur de l'établissement en un lieu accessible à tous. Il ne pourra être modifié que par délibération de la commission administrative approuvée par le préfet.

Il importe que le règlement soit connu de tous, personnel et hospitalisés, de manière à ce que chacun puisse connaître ses devoirs et ses droits. En

(1) Loi du 7 août 1851, art. 8.

conséquence, le règlement hospitalier devra être affiché, *en permanence et en entier,* en un lieu où chaque intéressé pourra en prendre connaissance.

Cette prescription obéie, rien n'empêche la commission d'ordonner l'affichage partiel de certains articles là où ces articles auront plus particulièrement leur application. Par exemple, les quatre premiers paragraphes de l'article 21 sur la liberté de conscience seront affichés dans les salles de malades ; le chapitre VIII concernant le travail sera affiché dans les ateliers ; le régime alimentaire (chapitre IX) sera affiché dans la cuisine, etc.

L'article 67, dans sa seconde partie, contient une disposition essentielle qui avait été omise dans le règlement de 1840.

Le règlement intérieur d'un établissement hospitalier, qui n'a de valeur que s'il est revêtu de l'approbation préfectorale, ne saurait subir de changement qu'autant que ce changement est décidé sous la même forme, par conséquent avec l'approbation du préfet. C'est l'application d'un principe général, d'une règle de simple bon sens. Cependant, cette règle a été souvent mise en oubli, et des délibérations successives, non soumises à l'approbation préfectorale, ont modifié peu à peu, quelquefois assez profondément, des textes primitivement approuvés. Il ne faut pas que ces errements se renouvellent.

En terminant, monsieur le préfet, je vous invite à communiquer ce modèle de règlement, ainsi que les instructions que j'y ai jointes, aux fonctionnaires et aux administrations auxquels sa connaissance peut être utile.

Je vous envoie des exemplaires de la présente circulaire en assez grand nombre pour que, votre préfecture et chaque sous-préfecture en étant pourvues, chaque administration hospitalière en reçoive un, qui devra être conservé dans ses archives, après lui avoir servi de guide pour le règlement qu'elle aura délibéré. Je vous ai en effet prescrit, au début de cette circulaire, de mettre toutes les commissions administratives en demeure de présenter à votre approbation un nouveau règlement.

Je vous invite, en outre, à faire réimprimer le présent docu-

ment dans le recueil des actes administratifs de votre préfecture. Vous pouvez vous abstenir de réimprimer les annexes qui seront, à la préfecture et dans chaque sous-préfecture, tenues à la disposition des personnes qui désireraient les consulter.

Veuillez, je vous prie, m'accuser réception de cet envoi, et me faire connaître les mesures prises pour assurer l'exécution de mes instructions.

Pour le président du conseil, ministre de l'intérieur et des cultes,

Le conseiller d'État, directeur,

HENRI MONOD.

ANNEXES

I. — Renouvellement des commissions administratives (circulaire du 10 février 1896)

II. — Instructions prophylactiques du comité consultatif d'hygiène publique de France.

III. — Dépenses extraordinaires de l'assistance médicale gratuite (extrait de la circulaire du 18 mai 1896).

IV. — Recrutement du personnel secondaire des établissements hospitaliers (circulaire du 17 juillet 1899).

V. — Projet de traité entre la commission administrative et une congrégation hospitalière.

VI. — Règlement général pour les orphelinats annexés aux hospices, hôpitaux ou bureaux de bienfaisance.

VII. — Modèle de registre matricule des hospitalisés.

VIII. — Laboratoires de radiographie et de radioscopie (circulaire du 22 avril 1898).

IX. — Mesures à prendre dans les laboratoires de bactériologie (circulaire du 17 février 1899).

X. — Loi du 7 avril 1851 sur les hospices et les hôpitaux.

XI. — Loi du 15 juillet 1893 sur l'assistance médicale gratuite.

XII. — Loi et décret concernant les quartiers de malades militaires.

ANNEXE N° 1

RENOUVELLEMENT

DES

COMMISSIONS ADMINISTRATIVES

DES HOSPICES ET DES BUREAUX DE BIENFAISANCE

(*Circulaire du 10 février 1896.*)

La loi du 5 août 1879, en modifiant le mode de recrutement des commissions administratives des hospices et des bureaux de bienfaisance, en chargeant les préfets de nommer les deux tiers des membres de ces commissions, a créé à l'autorité préfectorale une responsabilité qu'il importe de ne pas perdre de vue.

Sur beaucoup de points, la réforme a produit d'heureux résultats. L'inspection générale a souvent constaté que les commissions réorganisées ont tiré un meilleur parti qu'on ne faisait jadis des ressources dont elles disposent, qu'elles ont apporté de l'ordre dans les finances et des améliorations appréciables dans le service intérieur soit des établissements hospitaliers, soit des bureaux de bienfaisance.

Mais il faut reconnaître aussi qu'un certain nombre de commissions n'ont pas encore une notion exacte des attributions qu'elles tiennent de la loi, et des obligations qui en découlent pour elles.

Quelques commissions semblent abdiquer, sinon la totalité, du moins une portion de leur autorité entre les mains du personnel qu'elles chargent, soit de gérer un établissement hospitalier, soit de distribuer des secours aux pauvres. Les inspecteurs généraux ont vu des administrateurs qui hésitaient à pénétrer dans telle ou telle partie d'un hôpital sans l'agrément de ce personnel. Ils en ont même rencontré qui, bien que depuis longtemps en fonctions, semblaient être restés presque ignorants du service qu'ils avaient accepté de diriger. Ce dernier fait se présente, il est vrai, très rarement. Ce qui est assez fréquent, c'est que les représentants légaux des pauvres, les membres des commissions administratives, ne connaissent qu'imparfaitement l'étendue de leurs droits.

Ces droits impliquent des devoirs. Ce n'est pas assez d'assister aux séances des commissions. Ce n'est même pas assez de connaître chaque recoin de l'hôpital ou de l'hospice, chaque détail du fonctionnement du bureau de bienfaisance, et d'exercer dans ces services l'autorité qui convient. Nous vivons en un temps où tout se transforme, où la science fait tous les jours des conquêtes nouvelles, où les idées de justice et de solidarité sociales prennent tous les jours plus de précision. Il faut que les pauvres, dont les commissions administratives ont le soin, profitent de ces progrès.

Les rapports de l'inspection générale ont souvent signalé les inconvénients et les dangers que présente la réunion dans les mêmes locaux de catégories différentes d'assistés: dans certains hospices les fiévreux, les blessés et les vieillards se trouvent dans les mêmes salles; on rencontre des enfants dans des salles de vieillards ou dans des salles de malades. Les commissions administratives ont le devoir de veiller à ce que cette promiscuité soit évitée, et de prendre des dispositions pour que ces différentes catégories d'assistés aient des salles et des cours distinctes.

Le Conseil d'État ne manque jamais d'insister sur la spécialité des établissements publics, et l'obligation morale qui s'impose à l'administration supérieure de maintenir à chacun son caractère propre. Cependant un assez grand nombre d'hospices renferment encore des écoles. Ces écoles ont rendu autrefois de grands services; leur existence ne se justifie plus. C'est le devoir des commissions qui administrent ces hospices de se préoccuper de cette situation anormale, et de rechercher les moyens les plus pratiques d'y mettre prochainement un terme.

Il est reconnu aujourd'hui que dans les hôpitaux publics tous les malades pauvres doivent être admis, quelle que soit la nature de leur mal, et soignés avec les égards que leur situation de malades et de pauvres commande. Il n'est pas moins certain que les femmes enceintes doivent, comme l'exige la loi du 15 juillet 1893, être assimilées aux malades. C'est le devoir des commissions administratives de provoquer la revision des contrats ou la réforme des usages qui seraient contraires à ces règles d'humanité.

La science a mis en lumière des moyens nouveaux et efficaces d'empêcher la propagation des maladies transmissibles. C'est donc le devoir des membres des commissions administratives de connaître ces moyens, de se renseigner sur ce qui a été fait ailleurs pour leur application, et de les appliquer à leur tour à l'établissement qu'elles administrent, de telle manière que dans un hôpital on n'observe plus de cas « intérieurs », c'est-à-dire de ces faits, si fréquents autrefois, où l'instrument même créé pour la guérison devient l'agent de la maladie, de telle manière aussi que les asiles ou les refuges ouverts en faveur des vagabonds par les bureaux de bienfaisance ne soient pas des foyers retenant et répandant les germes des maladies infectieuses.

On sait, grâce aux découvertes de Pasteur, que la mortalité dans les opérations chirurgicales peut être réduite à une proportion très faible, mais à la condition que la salle d'opérations soit disposée avec un soin méticuleux, et que toutes les précautions nécessaires soient prises et pendant et après l'opération. Les commissions administratives doivent veiller à ce que les chirurgiens ne puissent pas se plaindre qu'un milieu aseptique ou des moyens d'antisepsie leur font défaut, et à ce que le personnel chargé de soigner les opérés connaisse et pratique les obligations très minutieuses qui lui incombent. J'en pourrais dire autant des salles d'accouchements. D'une manière générale, on sait, mieux qu'on ne le savait il y a quelques années, combien est important pour la guérison des malades le rôle des infirmiers et des infirmières. Les commissions administratives ne doivent donc rien négliger pour s'assurer que ce personnel possède les connaissances indispensables à l'exercice utile de sa profession.

La loi du 15 juillet 1893 a confié aux commissions des hospices et des bureaux de bienfaisance réunies l'administration du bureau d'assistance médicale. C'est un premier pas vers l'unification, dans toutes les communes, de l'administration du bien des pauvres. Les membres des commissions doivent se prêter à cette transformation nécessaire, et non s'y opposer pour des raisons d'autonomie exagérée, ou de soi-disant prééminence d'un service sur l'autre, étant bien entendu d'ailleurs que, si l'administration est une, comme la matière indigente est une, les patrimoines néanmoins, les budgets et les établissements restent distincts.

Tels sont les points principaux sur lesquels il m'a paru utile d'appeler votre attention. Puisque vos représentants directs forment partout la majorité des commissions administratives, il semble qu'il ne doive pas vous être impossible de réaliser partout les réformes qu'exige l'intérêt des pauvres.

Plusieurs préfets m'ont fait observer qu'ils n'avaient, pour vaincre l'inertie de certaines commissions, d'autre arme que la dissolution. Il ne s'agit pas, à moins que vous vous trouviez en présence de résistances persistantes et systématiques, d'avoir recours à cette mesure extrême. Dans nombre de cas, MM. les sous-préfets et vous-même, pénétrés de la nécessité des améliorations que j'ai énumérées plus haut et de toutes autres, dont un examen attentif des établissements vous aura suggéré l'idée, vous saurez obtenir par la persuasion les solutions désirables.

Vous avez d'ailleurs en main un moyen d'action très efficace, et peut-être moins lent qu'il ne semble d'abord, de diriger les services d'assistance dans les voies conformes aux vues du gouvernement. Tous les ans, vous avez à nommer un membre de chacune des commissions administratives en exercice. Je ne saurais trop vous recommander d'apporter à cette nomination un soin extrême, en ayant présentes à l'esprit les instructions ci-dessus. Soit que vous mainteniez en fonctions le commissaire sortant, soit que vous lui donniez un successeur, vous devez vous être préalablement assuré que vous aurez désormais dans la commission un représentant résolu à défendre les idées de progrès scientifique et de solidarité qui sont la raison d'être du gouvernement républicain. Il est possible que le même homme, qui avait jusque-là rempli ses fonctions avec mollesse, instruit par vous, renommé par vous aux conditions que je viens de dire, devienne dans la commission administrative votre auxiliaire dévoué et parvienne à convaincre ses collègues comme vous l'aurez convaincu. Mais si vous ne pouvez pas avoir raisonnablement cette espérance, vous ne devez pas hésiter à remplacer l'administrateur sortant par un homme nouveau, qui vous inspire, au point de vue qui nous occupe, une confiance entière, et dont l'énergie à la fois et la sagesse vous soient garants qu'il saura vouloir, et, autant qu'il dépendra de lui, réaliser les réformes nécessaires.

Le président du conseil, ministre de l'intérieur,

Léon BOURGEOIS.

ANNEXE N° 2

INSTRUCTIONS PROPHYLACTIQUES

DU COMITÉ CONSULTATIF D'HYGIÈNE PUBLIQUE DE FRANCE

(*Extrait.*)

INSTRUCTIONS GÉNÉRALES

POUR EMPÊCHER LA PROPAGATION DES MALADIES TRANSMISSIBLES

(CONTAGIONS ET ÉPIDÉMIES)

I

Les maladies transmissibles contre lesquelles il y a lieu de prendre des mesures pour en empêcher la transmission sont :

Le choléra,
La fièvre typhoïde,
La dysenterie épidémique,
La diphtérie,
La variole et la varioloïde,
La scarlatine,
La rougeole,
La suette miliaire,
La coqueluche,
La tuberculose (1).

II

Les moyens de transmission des maladies contagieuses sont :

1° Le malade, ses déjections et ses produits de sécrétion ;
2° L'eau et les aliments ;
3° Les personnes qui sont ou ont été en rapport avec le malade ;
4° Les objets ayant servi au malade (vêtements, linge, meubles, etc.);
5° Les pièces occupées par le malade ;
6° Les cadavres.

---

(1) Depuis la rédaction de ce document ont été ajoutés à la suite : le typhus exanthématique, la peste, la fièvre jaune, les infections puerpérales et l'ophtalmie des nouveau-nés.

III

Toutes les affections contagieuses n'exigent pas l'emploi des mêmes moyens. Une instruction spéciale à chaque maladie indiquera les mesures à prescrire contre la propagation de cette maladie.

Mais dans toutes les maladies contagieuses on cherche à obtenir le même résultat : empêcher le premier malade de transmettre sa maladie et de devenir ainsi le foyer d'une épidémie, empêcher l'étincelle d'allumer un incendie.

Pour cela, il faut obtenir le plus rapidement possible :

1° L'isolement du malade;

2° La désinfection de ses déjections, de ses produits de sécrétion, de ses linges, des objets qui l'entourent et de son logement.

IV

Dès qu'un cas est signalé, le médecin des épidémies ou un médecin spécial délégué constate la nature de l'affection.

Si le malade ne peut être isolé et s'il ne peut recevoir chez lui les soins convenables il doit être, quand il y consent, transporté à l'hôpital, et, son logement immédiatement désinfecté.

Dans le cas où le malade ne sera pas transporté à l'hôpital, il sera nécessaire de l'isoler complètement dans une chambre spéciale. Les personnes appelées à lui donner des soins pénètrent seules près de lui.

Tant que le malade séjournera dans la chambre, les objets qu'elle renferme n'en sortiront pas sans avoir été préalablement désinfectés, surtout s'il s'agit de linge de corps et de literie.

Le malade guéri devra avant de sortir prendre un bain savonneux, mettre du linge blanc et se vêtir d'habits désinfectés.

V

Désinfection.

La désinfection a pour but d'empêcher l'extension des maladies contagieuses en détruisant les germes ou en les rendant inoffensifs.

Une instruction spéciale pour chaque maladie indiquera le procédé de désinfection à employer.

Il est nécessaire d'ajouter à la désinfection la propreté rigoureuse du malade, de son entourage et du milieu dans lequel il est placé.

VI

Les gerbes morbides seront détruits:

1° Par l'exposition des objets dans une étuve à vapeur sous pression,

2° Par l'immersion dans l'eau bouillante,

3° Par l'action d'une solution désinfectante.

Les désinfectants principalement recommandés sont :

Le sulfate de cuivre,

Le chlorure de chaux fraîchement préparé,

Le lait de chaux fraîchement préparé (1),
Le sublimé,
Le permanganate de potasse.

On fera usage de deux solutions suivant les circonstances indiquées plus bas :

L'une forte :

Sulfate de cuivre, chlorure de chaux 5 p. 100, c'est-à-dire 50 grammes de sulfate de cuivre, de chlorure de chaux dans 1 litre d'eau ; lait de chaux, 20 p. 100.

L'autre faible :

Sulfate de cuivre, chlorure de chaux 2 p. 100, c'est-à-dire 20 grammes de ces substances dans un litre d'eau ; lait de chaux, 7 p. 100.

La solution de sublimé sera employée à 1 p. 1.000 (*forte*) ou à un demi p. 1.000 (*faible*) suivant les cas. La solution de sublimé sera colorée avec la fuchsine ou l'éosine et additionnée de 10 grammes d'acide chlorhydrique par litre.

La solution de permanganate de potasse à 1 p. 1.000 sera associée à la solution de sublimé à 1 p. 1000.

L'emploi de ces divers procédés variera suivant la nature de l'objet à désinfecter.

VII

Pour le lavage des mains on se sert de la solution faible.

Les déjections ou produits de sécrétion des malades seront désinfectées avec la solution forte.

Dans le choléra :

Matières de vomissements,
Selles,
Urines.

Dans la diphtérie et la scarlatine :

Matières de l'expectoration et de vomissements,
Mucus nasal,
Urine.

Dans la fièvre typhoïde et la dysenterie :

Selles.

VIII

La maladie terminée, on fera porter à l'établissement de désinfection les vêtements, les lits, oreillers, matelas et couvertures, les tapis, etc., etc.

On s'abstiendra de trop les remuer et on les placera dans un drap imbibé d'une solution désinfectante. S'il n'y pas d'établissement de désinfection, les habits seront

---

(1) Pour avoir du lait de chaux très actif, on prend de la chaux de bonne qualité, on la fait se déliter en l'arrosant petit à petit avec la moitié de son poids d'eau. Quand la délitescence est effectuée, on met la poudre dans un récipient soigneusement bouché et placé dans un endroit sec. Comme un kilogramme de chaux qui a absorbé 500 grammes d'eau pour se déliter a acquis un volume de 2 lit. 200, il suffit de la délayer dans le double de son volume d'eau, soit 4 lit. 400, pour avoir un lait de chaux qui soit environ à 20 p. 100. Pour désinfecter les selles des malades, on verse dessus une proportion de lait de chaux égale en volume à 2 p. 100.

désinfectés par l'acide sulfureux de la façon qui est indiquée ci-dessous (*désinfection du logement infecté*).

La chambre sera désinfectée par des fumigations de soufre ou des pulvérisations d'une solution de sublimé de la façon suivante.

Désinfection des logements infectés.

A. *Désinfection par l'acide sulfureux.* — On procédera par la combustion de 40 grammes de soufre par mètre cube de l'espace à désinfecter en opérant de la façon suivante:

On colle quelques bandes de papier sur les fissures ou joints qui pourraient laisser échapper des vapeurs sulfureuses.

On fait bouillir sur un réchaud pendant une demi-heure une certaine quantité d'eau, de manière à remplir la chambre de vapeur.

Du soufre concassé en très petits morceaux est placé dans des vases en terre ou en fer peu profonds, largement ouverts et d'une contenance d'environ un litre.

Les vases en fer sont d'une seule pièce ou rivés sans soudure.

Pour éviter le danger d'incendie, on place les vases contenant le soufre au centre de bassins en fer ou baquets contenant une couche de 5 à 6 centimètres d'eau.

Pour enflammer le soufre, on l'arrose d'un peu d'alcool ou on le couvre d'un peu de coton largement imbibé de ce liquide auquel on met le feu.

Le soufre étant enflammé, on ferme les portes de la pièce et l'on colle des bandes de papier sur les joints.

La chambre n'est ouverte qu'au bout de vingt-quatre heures.

B. *Désinfection par le sublimé.* — La désinfection des murs crépis, blanchis à la chaux, couverts de papiers de tenture, sera faite méthodiquement sur toute la surface des parois des chambres, à l'aide de pulvérisations avec la solution forte de sublimé. On commencera à pulvériser cette solution à la partie supérieure de la paroi suivant une ligne horizontale et l'on descendra successivement, de telle sorte que toute la surface soit couverte d'une couche de liquide pulvérisé en fines gouttelettes.

Les planchers, carrelages, boiseries ou pisés seront lavés à l'eau bouillante, balayés, essuyés et arrosés avec la même solution.

Il est extrêmement important que les personnes chargées de la désinfection soient munies de vêtements spéciaux, y compris les pantalons et les chaussures, et qu'en rentrant elles quittent ces vêtements qui devront être désinfectés et ne devront avoir aucun contact avec ceux repris par les désinfecteurs.

L'administration municipale veillera à la désinfection et, au défaut des habitants, y procédera d'office.

Il est de son devoir d'assurer un abri aux habitants du logement pour procéder à une purification sérieuse.

La chambre n'est réhabitée qu'après avoir subi une ventilation d'au moins vingt-quatre heures.

IX. — Hygiène privée

Eau potable. — On doit veiller avec un très grand soin à la pureté de l'eau potable

En cas d'épidémie, boire de l'eau bouillie.

L'eau provenant des puits susceptibles d'être souillés est prohibée.

Les boulangers ne doivent jamais, dans la fabrication du pain, se servir de l'eau de ces puits.

Sont interdits dans les cours d'eau le lavage des linges contaminés, ainsi que la projection de toute matière des déjections.

Déclaration obligatoire. — Tout cas de maladie contagieuse doit être immédiatement déclaré à la mairie.

Voitures. — Les voitures dans lesquelles ont été transportés des malades atteints de maladies contagieuses doivent être désinfectées; elles seront lavées avec l'une des solutions fortes.

X. — Hygiène publique

Toutes les causes d'insalubrité qui préparent le terrain à l'invasion des épidémies doivent être écartées lorsqu'il s'agit d'une maladie contagieuse.

Aussi, les règles d'hygiène générale, applicables en tout temps, seront plus rigoureusement observées en temps d'épidémies, surtout en ce qui concerne :

La pureté de l'eau potable ;

Les agglomérations d'individus, les fêtes, les foires, les pèlerinages;

La surveillance et l'approvisionnement des marchés;

La propreté du sol ;

Le contrôle minutieux des puits et la recherche des causes possibles d'infection ;

L'enlèvement régulier des immondices (1);

La propreté des habitations;

La surveillance particulière des locaux, ateliers, chantiers, etc., destinés à la population ouvrière et industrielle;

La propreté et la désinfection régulière des cabinets d'aisances publics et privés ;

La surveillance et la désinfection des fosses d'aisances;

L'entretien et le lavage des égouts (2), etc.

La sollicitude de l'administration doit surtout porter sur la salubrité des quartiers et des habitations qui, lors des épidémies antérieures, ont été frappés.

Le rapporteur,

A. PROUST.

Instructions adoptées par le Comité consultatif d'hygiène publique de France.

Le Président,

P. BROUARDEL.

---

(1) *Ordures ménagères.* — Les ordures ménagères, placées dans une caisse bien fermée sont arrosées deux fois par jour avec l'une des solutions fortes en quantité suffisante.

Quand la caisse a été vidée, on verse à l'intérieur un verre d'une solution désinfectante forte.

Fumiers, amas d'immondices. — Les fumiers et amas d'immondices ne sont enlevés qu'après avoir été largement arrosés avec une des solutions désinfectantes fortes.

(2) Si l'on craint l'invasion d'une épidémie, pendant la *période qui peut précéder* cette épidémie, les égouts, les canaux, etc., sont complètement curés, les fosses d'aisances vidées, de façon qu'il y ait le moins de mouvement de matières en putréfaction *pendant* l'épidémie.

ANNEXE N° 3

DÉPENSES EXTRAORDINAIRES

DE L'ASSISTANCE MÉDICALE GRATUITE

(*Extrait de la circulaire du 18 mai 1894.*)

Les dépenses extraordinaires comprennent les frais d'agrandissement et de construction d'hôpitaux. Elles devront être réduites au plus strict minimum. Je ne saurais trop insister sur ce point. Rien ne serait mieux de nature à compromettre le succès de la loi que l'idée d'une campagne de constructions nouvelles; rien ne serait plus éloigné des intentions de ses auteurs. La bonne organisation du service des secours à domicile devra la plupart du temps écarter la nécessité de créer des hôpitaux, les ressources actuellement inutilisées, comme l'ont prouvé les enquêtes (1), seront sans doute la plupart du temps suffisantes pour faire face aux besoins nouveaux. Je vous adresserai à cet égard des instructions ultérieures; en les attendant, vous pourrez consulter avec fruit le fascicule 42 des publications du Conseil supérieur de l'assistance publique.

Mais, s'il y a lieu d'espérer que des constructions seront rarement nécessaires, ce que nous connaissons de l'état actuel de nos hôpitaux autorise à penser que certaines améliorations ou compléments s'imposeront souvent. J'attire plus spécialement votre attention sur quatre points :

1° *Enfants assistés.* — Dans nombre d'hôpitaux dépositaires, les services où sont gardés (généralement trop longtemps) les enfants assistés sont des plus défectueux. Il n'est pas rare que ces enfants soient mêlés aux vieillards et aux malades. Vous profiterez de l'enquête à laquelle vous allez vous livrer pour porter remède dans la mesure du possible à cette situation très fâcheuse. Vous le ferez aux moindres frais possibles. Il arrivera que dans l'hospice existe une école, ce qui est une chose mauvaise. Lorsque vous ne vous heurterez pas à des actes de fondation qui s'y opposeraient, vous vous efforcerez de supprimer l'école, et d'en affecter les locaux au logement, à la nourriture et à la récréation des enfants, qui dès lors seront conduits à l'école communale.

2° *Maternités.* — La loi assimile les femmes en couches aux malades. Vous vous préoccuperez d'assurer dans les hôpitaux le service des femmes en couches dans un local séparé, aussi éloigné que possible de ceux où seront soignées des personnes atteintes de maladies transmissibles, et se prêtant aux exigences de l'antisepsie. Vous n'oublierez pas d'ailleurs, lorsque vous aurez à apprécier le nombre des lits nécessaires au service des accouchements, qu'en cette matière surtout, l'assistance à domicile doit être préférée à l'hospitalisation toutes les fois qu'elle peut être donnée avec des garanties sérieuses.

(1) Le 28 février 1890, sur 53. 973 lits de malades existants dans les hôpitaux de France, 15. 666 n'étaient pas occupés.

3° *Salles d'opérations.* — Beaucoup d'hôpitaux en sont dépourvues. Elles peuvent être installées à peu de frais dans des conditions excellentes, ainsi que l'hôpital de Chartres en a fait la démonstration (1). Vous les établiriez naturellement, d'abord dans les grands hôpitaux.

4° *Isolement en vue des maladies transmissibles.* — Là encore, un progrès considérable pourrait être obtenu à peu de frais. Pour beaucoup d'hôpitaux — je ne parle pas de ceux des très grands centres, où certaines maladies contagieuses existent presque à l'état permanent — il serait sans doute facile d'appliquer à un mal variable, temporaire, un remède du même caractère au moyen de tentes à double paroi, ou de baraques démontables qui seraient chauffées en hiver, comme un bâtiment de maçonnerie, sauf à se servir d'appareils de chauffage un peu puissants.

La plupart des critiques élevées contre l'usage des tentes ont été motivées par l'emploi de tentes à paroi simple. Les autres défectuosités disparaîtront sans doute lorsque les

---

(1) *La salle d'opérations de l'hôpital de Chartres.* — Cette salle a été construite conformément aux indications expresses des chirurgiens de l'hôpital.

Le bâtiment est constitué par un rez-de-chaussée formant une salle éclairée et aérée par trois côtés, et adossée par le quatrième à une maison divisée en chambres pour les pensionnaires et les opérés de l'intérieur. La salle est suffisamment spacieuse; le sol et les parois sont en ciment lissé à la truelle; tous les angles sont arrondis et le sol est dressé pour un écoulement facile et régulier des eaux de lavage. Les trois baies d'éclairage sont vitrées et munies de stores qui permettent de régler l'arrivée de la lumière : les stores sont extérieurs, car il ne doit y avoir intérieurement aucune substance infectable. L'éclairage se fait d'ailleurs par une toiture vitrée double, toiture à deux plans inclinés à l'extérieur, et plafond horizontal à l'intérieur.

Le milieu de cette pièce est occupé par un lit d'opérations, système Julliard, modifié par M. Maunoury. Le long des murs, des tablettes de verre posées sur de minces tiges de fer et éloignées de la paroi, permettent de poser les instruments, les bocaux, les barillets de verre pour les liquides désinfectants. Un lavabo, un chauffe-eau et un chauffe-linge à gaz complètent cette installation. La salle d'opérations est séparée du vestibule d'accès par une porte pleine en fer. Elle peut être éclairée le soir par un bec de gaz qui donne une lumière vive et très blanche par l'incandescence d'un anneau de magnésie.

La ville de Chartres possède ainsi, grâce à M. le Dr Maunoury et à sa commission hospitalière, une installation modèle pour les grandes opérations. Il est intéressant de dresser ici le devis de la dépense que cette installation a occasionnée :

CONSTRUCTION D'UNE SALLE D'OPÉRATIONS A L'HÔPITAL DE CHARTRES
(Années 1886 et 1887.)

Chapitre I. — Construction.

	fr c.
1° Maçonnerie et charpente	3.488 22
2° Serrurerie	1.619 07
3° Couverture	494 93
4° Menuiserie	104 46
5° Peinture et vitrerie	1.188 06
6° Appuis de tablettes de glaces	90 »
7° Plomberie	286 »
8° Gaz	212 82
9° Calorifère pour le chauffage de la salle	583 60
10° Stores pour les trois croisées	60 »
11° Honoraires de l'architecte	396 90
TOTAL	8.524 06

Chapitre II. — Mobilier.

1° Un lavabo sur consoles, cuvette de 37 centimètres, receveur en faïence, robinets à eau chaude et à eau froide	250 »
2° Un chauffage au gaz en cuivre (modèle spécial), avec chauffe-linge	350 »
3° Petit fourneau portatif à gaz	18 »
A reporter	618 »

tentes seront spécialement construites en vue de la destination que je propose de leur donner. Les expériences faites par le ministère de la guerre, et qui ont été dans leur ensemble si favorables, inspirent à cet égard une grande confiance. L'emploi de tentes comme moyen d'isolement constituerait pour l'installation une économie, pour le service une simplification, et pour la désinfection une garantie absolue. L'hôpital aurait en magasin une ou plusieurs de ces tentes. Une maladie infectieuse venant à se déclarer, soit dans l'hôpital, soit au dehors, la tente serait dressée, les malades y seraient soignés, les services intéressant ces malades y seraient concentrés. La maladie terminée, toutes les parties de la tente seraient passées à l'étuve à désinfection qui est le complément de cette organisation et qui d'ailleurs est de plus en plus considérée comme devant faire partie de l'outillage de tout établissement hospitalier de quelque importance. La tente ainsi désinfectée, beaucoup plus sûrement que ne pourrait l'être un bâtiment quelconque serait rentrée en magasin, prête pour une nouvelle occurrence.

On compléterait utilement cette organisation s'il était possible de réserver deux chambres de l'hôpital: dans l'une, le malade serait tenu en observation lorsqu'il y aurait doute sur la nature de la maladie; l'autre serait affectée aux malades reconnus contagieux en attendant le montage de la tente.

Ces améliorations diverses constitueraient de grosses réparations, des agrandissements pour lesquels le département pourrait, en vertu de l'article 26, faire appel à l'aide de l'État (1).

	fr. c.
Report	618 »
4° Verrerie: barils de verre, dont un de 50 litres, cuvettes en verre et en porcelaine, flacons et bocaux pour éponges, bains, etc	135 30
5° Filtre Chamberland à sept bougies	77 40
6° Tubes de caoutchouc	38 25
7° Canules	2 50
8° Table d'opération du Dr Julliard, avec réservoir à eau chaude, bâtis en fer, avec deux roulettes en matelas divisé	243 »
9° Table, bâtis en fer, avec deux tablettes de glace pour les instruments	67 »
10° Escabeau spécial, avec traverse pour les pieds	25 »
11° Boîte de fer blanc pour les différents objets de pansement	39 15
12° Boîte à trois bobines de verre pour catgut	40 »
13° Tablier de caoutchouc	20 »
14° Alèze de caoutchouc, avec tuyau d'écoulement	12 »
Port de ces différents objets	57 55
TOTAL	1.375 15

TOTAUX

Construction	8.524 06
Mobilier	1.375 15
TOTAL GÉNÉRAL	9.899 21

On voit que la dépense totale n'atteint pas 10.000 francs. (*Revue des établissements de bienfaisance*, 1887, p. 377.)

On remarquera qu'il s'agit ici d'un très grand hôpital. Dans d'autres, on pourra bien faire en dépensant encore moins.

(1) Article 26 de la loi du 15 juillet 1893. — *Les dépenses du service de l'assistance médicale se divisent en dépenses ordinaires et en dépenses extraordinaires......*
Les dépenses extraordinaires comprennent les frais d'agrandissement et de construction d'hôpitaux.
L'État contribuera à ces dépenses par des subventions dans la limite des crédits votés.
Chaque année une somme sera, à cet effet, inscrite au budget.

ANNEXE N° 4

RECRUTEMENT DU PERSONNEL SECONDAIRE
DES ÉTABLISSEMENTS HOSPITALIERS

(*Circulaire du 17 juillet 1899*).

LE PRÉSIDENT DU CONSEIL,

MINISTRE DE L'INTÉRIEUR ET DES CULTES,

A MONSIEUR LE PRÉFET D

Si le dévouement et l'abnégation du personnel attaché dans nos hôpitaux de province au soin et à la surveillance des malades sont dignes d'éloges, il n'en va pas de même, d'une manière générale, de son instruction technique.

Ce côté défectueux de l'organisation hospitalière devient de plus en plus saillant au fur et à mesure des progrès que font la médecine et la chirurgie. Il apparaît surtout, avec une gravité croissante, en présence du développement des méthodes antiseptiques qui exigent, auprès du praticien, des aides éclairés, conscients de l'importance que prennent en cette matière les moindres détails, habitués aux précautions les plus attentives et les plus minutieuses, pénétrés du danger que peut créer au malade la plus petite négligence.

En inaugurant, en 1884, l'école des infirmiers de Gênes, M. le Dr Michelini disait : « L'infirmier est dans l'hôpital l'aide le plus fort et le plus puissant du médecin ; déjà Hippocrate, que l'on nomme le père de la médecine, appelait avec raison les infirmiers les coopérateurs de l'art médical, *et il est bien vrai que l'assistance soigneuse et intelligente donnée au malade aide souvent à assurer et à accélérer la guérison. » Le professeur ajoutait : « L'art d'assister les malades exige, en outre de la capacité et de la moralité de ceux qui s'y consacrent, un ensemble de connaissances et un apprentissage spécial ; pour cela, un enseignement approprié est nécessaire qui, en même temps qu'il satisfait aux exigences d'un service hospitalier bien tenu, ennoblit les cœurs de ceux qui se vouent à ces difficiles fonctions.* L'infirmier ne s'improvise pas. »

C'est pourquoi, en Angleterre, en Suisse, en Allemagne, en Autriche, aux États-Unis, des médecins, et des plus éminents, ont, à la suite de l'impulsion donnée par l'illustre Florence Nightingale, créé des écoles d'infirmières, afin d'avoir des auxiliaires qui soient capables de seconder utilement le médecin et le chirurgien, d'entrer dans leurs vues, d'obéir ponctuellement à toutes leurs prescriptions et de fournir des infirmiers éclairés au service de l'assistance à domicile.

C'est pourquoi aussi, l'assistance publique de Paris a institué, dès 1876, des écoles d'infirmiers et d'infirmières qu'un de mes prédécesseurs signalait, le 3 novembre 1888, aux administrations préfectorales et aux présidents des commissions administratives des hôpitaux et hospices, en leur envoyant le Manuel pratique de la garde-malade et de l'infirmière, *publié sous les auspices de M. le Dr Bourneville, le véritable fondateur de ces écoles qu'il continue de diriger avec tant de succès.*

En province, si l'on excepte des cours institués dans un petit nombre de villes sur l'initiative de municipalités éclairées, ou d'associations privées, rien d'analogue n'a été tenté, sauf à Lyon, où l'administration hospitalière a organisé pour son personnel un enseignement dont les heureux résultats n'ont pas tardé à se manifester.

Cette lacune a été sentie, non seulement par le monde médical et par l'administration centrale de l'assistance publique, mais aussi par des personnes placées à la tête d'importants établissements hospitaliers. C'est ainsi que dans une note adressée au ministre de l'intérieur, M. Hermann Sabran, président du conseil général d'administration des hospices de Lyon, disait:

Nous trouvons dans un grand nombre d'hôpitaux, en France, un personnel secondaire, composé d'excellents éléments, donnant les preuves quotidiennes d'une extrême bonne volonté et d'un dévouement incontestable; mais, il faut l'avouer, ce personnel n'est pas toujours à hauteur de sa mission, par suite de l'insuffisance de son instruction professionnelle. Il y a là une infériorité réelle, qui est signalée fréquemment par le service de santé et qui est trop souvent mise en lumière par les constatations que l'on peut faire en étudiant le personnel secondaire des hôpitaux en Suisse, en Allemagne, en Angleterre, etc.; on éprouve une impression pénible pour notre amour propre national en constatant l'état stationnaire dans lequel nous restons en France, à l'exception de quelques villes dans lesquelles on n'a à redouter aucune comparaison.

Nous croyons donc que la situation actuelle ne nous permet pas de rester indifférents. On l'a dit et répété bien souvent, on ne peut plus soigner les malades comme on le faisait autrefois; la bonne volonté et le dévouement sont des qualités de premier ordre pour un infirmier ou une infirmière, mais ne suffisent plus. Au risque de compromettre la vie des malades, il faut suivre rigoureusement les nouvelles méthodes indiquées par la science et un apprentissage est nécessaire pour démontrer au personnel que le moindre écart dans les règles prescrites (par exemple, dans le traitement antiseptique), suffit pour compromettre le succès du traitement tout entier.

Tous ceux qui ont la pratique des hôpitaux savent combien le rôle du personnel secondaire a grandi en importance, quelle part il peut revendiquer dans les succès obtenus, et combien précieuse est pour le chef de service la collaboration éclairée et obéissante de ses auxiliaires. Or, cette collaboration n'est pas toujours telle qu'elle devrait être et c'est donc avec chagrin, mais sans étonnement, que nous avons eu connaissance de faits nombreux signalés par l'inspection générale et qui sont le résultat de la seule ignorance.

Je crois qu'on sera unanime à déclarer, en présence de l'insuffisance constatée, qu'il faut instruire le personnel secondaire de nos hôpitaux et qu'on est en droit d'exiger que ce personnel justifie d'une instruction professionnelle suffisante pour exercer ses délicates fonctions.

La loi du 15 juillet 1893 imposait d'une manière pressante à l'administration supérieure le devoir d'intervenir pour aider à la solution de cette grave question.

Le principe de l'obligation de l'assistance, affirmé par cette loi, perdrait sa véritable signification si l'État ne se préoccupait de le faire respecter, après l'avoir proclamé: or, l'obligation de faire implique l'obligation de bien faire.

A l'État incombe la responsabilité de la surveillance générale du nouveau service. Il doit donc faire ce qui dépend de lui pour que les rouages administratifs soient en harmonie avec la tâche qui leur échoit, qu'ainsi les malades pauvres reçoivent des soins diligents et éclairés.

Outre le droit qu'il tient de cette mission supérieure, l'État contribue largement aux dépenses de l'assistance médicale sous la double forme de subventions aux services départementaux et de remboursement des frais occasionnés par les malades sans domicile de secours. Il est juste dès lors qu'il intervienne dans la fixation des conditions que doit remplir le personnel des services hospitaliers. Il est d'expérience que, tout compensé, les soins les plus intelligents sont aussi les plus économiques.

Le Conseil supérieur de l'assistance publique, appelé à étudier cette question, a, dans sa séance du 19 mars 1898, adopté à l'unanimité les propositions qui lui étaient présentées par M. le Dr Henri Napias, rapporteur, au nom des IIe et IIIe sections.

Ces propositions sont les suivantes:

I

Les établissements hospitaliers devront être invités par l'administration supérieure à s'assurer le concours d'un personnel secondaire (infirmiers et infirmières, surveillants et surveillantes) instruit et expérimenté, dont la compétence prouvée par des examens sera constatée par l'obtention d'un certificat ou diplôme spécial.

II

Pour atteindre ce but, il sera créé, au fur et à mesure qu'il sera nécessaire, dans les principales villes et notamment dans celles où il existe des facultés ou écoles de médecine, auprès de grands hôpitaux à services multiples comprenant toutes les formes de l'assistance, des écoles d'infirmiers et d'infirmières. Ces écoles pourront être fondées par les villes ou les commissions hospitalières.

III

L'enseignement dans ces écoles sera à la fois technique et pratique. Sa durée ne pourra être inférieure à une année.

IV

Cet enseignement, confié aux médecins et chirurgiens de l'établissement sera uniforme pour toutes les écoles, et donné conformément à un programme étudié dans ses détails par une commission spéciale nommée par M. le ministre de l'intérieur et arrêté définitivement après avis du Conseil supérieur de l'assistance publique.

V

Le jury d'examen pour l'obtention du diplôme sera composé:

1° du président de la commission administrative de l'hospice, siège de l'école, ou d'un membre de la dite commissison, délégué par le président;

2° d'un professeur de la faculté ou de l'école de médecine désigné par la faculté ou l'école;

3° de trois membres du corps médical de l'établissement: un médecin, un chirurgien, un accoucheur, désignés par leurs collègues.

VI

Le personnel des asiles publics d'aliénés et des asiles privés faisant fonction d'asiles publics (infirmiers et infirmières, surveillants et surveillantes) sera choisi, autant que possible, parmi les personnes diplômées et devra, en tout cas, pendant la première année, suivre des cours spéciaux faits par les médecins de l'établissement.

VII

Il est nécessaire que le salaire des infirmiers et infirmières soit relevé et qu'une retraite leur soit assurée.

En exécution de la quatrième résolution, une commission, formée de représentants des corps médicaux des hôpitaux de Paris et de Lyon, ainsi que de médecins aliénistes, a été constituée sous la présidence du Dr Henri Napias, à l'effet d'élaborer un projet de programme aussi simple et aussi pratique que possible.

Ce projet, soumis à l'examen du Conseil supérieur de l'assistance publique dans sa dernière session, a reçu son approbation avec une seule modification tendant à réserver les notions spéciales concernant les maladies mentales à l'enseignement des infirmiers et infirmières préposés au traitement des aliénés.

Vous trouverez ci-joint, monsieur le préfet, ce programme et le fasci-

cule 64 *des travaux du Conseil supérieur de l'assistance publique consacré au recrutement du personnel secondaire des établissements hospitaliers ; ce second document contient notamment le rapport de M. le Dr Henri Napias dont j'ai parlé plus haut.*

Il importe de chercher, dès à présent, à réaliser les vœux du Gouvernement et du Conseil supérieur en créant un certain nombre d'écoles régionales d'infirmières où seraient enseignées, d'après le programme ci-inclus, les notions nécessaires à l'exercice de cette profession, où seraient délivrés, à la suite d'examens, des brevets de capacité qualifiés « certificats d'aptitude professionnelle », afin de permettre aux commissions administratives de s'assurer peu à peu un personnel éclairé.

L'institution de ces écoles, dont le Gouvernement verra la création d'un œil très favorable, est inspirée par une pensée d'intérêt général et humanitaire. Le personnel instruit qu'elles sont appelées à former aura certainement, dans un temps donné, la préférence des établissements publics, des œuvres privées et des particuliers.

Elles pourraient être instituées sans grandes dépenses dans les villes où existent à la fois un centre d'enseignement médical et un hôpital important à multiples services. Le concours des médecins et chirurgiens est vraisemblablement acquis d'avance à une création dont l'objet est de leur préparer des auxiliaires capables. Il sera donc facile d'avoir des professeurs que satisfera l'allocation d'une modeste indemnité. Les frais de l'enseignement proprement dit seraient par suite peu élevés.

Je vous prie donc d'entrer en rapport avec la municipalité et l'administration hospitalière de   afin de les amener à établir, autant que possible à l'hôpital, une école d'infirmières, en mettant à sa disposition les locaux et les subventions nécessaires. Le conseil général ne se refuserait sans doute pas à contribuer à une dépense qui sera, dans tous les cas, minime et dont profiteraient grandement le service départemental de l'assistance médicale gratuite et celui des aliénés.

Il n'échappera pas à la commission administrative des hospices que c'est d'elle surtout que dépendra le succès de la réforme dont elle sera aussi la première à bénéficier.

L'école, qui devra être ouverte au public dans des conditions que la commission administrative fixera, aura un double but : développer l'instruction du personnel attaché à l'hôpital où sera le siège de l'école et donner l'instruction professionnelle aux personnes étrangères à l'hôpital qui, attachées ou non à des services hospitaliers, désireraient obtenir le certificat d'aptitude professionnelle, soit pour exercer la fonction d'infirmier dans d'autres hôpitaux, soit pour se consacrer à l'assistance à domicile.

L'école sera placée sous l'autorité de la commission administrative; la présidence du jury d'examen appartiendra à son président ou à l'administrateur qu'il déléguera; l'enseignement sera confié aux médecins et chirurgiens de l'établissement et leurs représentants composeront la majorité du jury d'examen.

Vous ferez remarquer que la création de l'école ne devra pas se borner à instituer des cours où seraient traités les différentes parties du programme; c'est auprès du lit du malade que s'acquièrent les connaissances qui constituent l'élément le plus important de l'enseignement. En conséquence, la commission administrative devra se concerter avec ses chefs de service pour soumettre à des règles précises l'accès des élèves dans les salles, afin d'assurer cette partie si essentielle de l'enseignement sans qu'il puisse en résulter un préjudice pour les malades.

La commission hospitalière, après entente avec le corps médical, aurait à prendre une délibération décidant la création de l'école, et indiquant les voies et moyens. Cette délibération serait soumise à l'avis du conseil municipal qui délibérerait en même temps sur le concours de la ville. Votre approbation pourra seule rendre exécutoires les délibérations de l'une et de l'autre assemblées.

Les administrations hospitalières de Paris et de Lyon ont bien voulu me faire savoir qu'elles se mettraient volontiers à la disposition des commissions administratives qui désireraient obtenir d'elles des renseignements sur des questions de détail se rattachant à l'organisation des écoles d'infirmières.

Je vous prie, monsieur le préfet, de me tenir informé du résultat des démarches que vous aurez faites auprès des administrations hospitalière et municipale de

Il serait bien désirable que l'école pût être ouverte pour l'époque habituelle de la reprise des cours, c'est-à-dire au commencement du mois de novembre prochain.

Pour le président du conseil, ministre de l'intérieur et des cultes,

LE CONSEILLER D'ÉTAT, DIRECTEUR,

HENRI MONOD.

ANNEXE N° 5

PROJET DE TRAITÉ entre la commission administrative de l'hôpital-hospice de . et la congrégation hospitalière des sœurs de

Entre il a été convenu ce qui suit :

Article premier. — Les sœurs hospitalières de la congrégation de seront chargées au nombre de du service intérieur de l'hôpital-hospice de La congrégation devra présenter pour le service des malades des sœurs compétentes et expérimentées, pourvues du diplôme d'infirmières, aussitôt que cela sera possible et au fur et à mesure de la création d'écoles pour l'obtention de ce diplôme.

Art. 2. — Le nombre de ces sœurs ne pourra pas être augmenté sans une délibération spéciale approuvée par le préfet. Toutefois, dans des cas d'urgence, tel, par exemple, que celui de la maladie d'une des sœurs, qui la mettrait hors d'état de continuer son service, la supérieure générale pourra, sur la demande de la commission administrative, envoyer provisoirement une autre sœur pour la remplacer; sauf à la commission administrative à en informer immédiatement le préfet.

Art. 3. — Les sœurs hospitalières seront placées, quant aux rapports temporels, sous l'autorité de la commission administrative, et tenues de se conformer aux lois, décrets, ordonnances et règlements qui régissent l'administration hospitalière.

Art. 4. — La sœur supérieure aura la surveillance de ce qui concerne le bon ordre sous la direction de l'administrateur de service et sans empiéter sur les attributions de l'économe. Elle pourra être chargée des clefs de la maison, sauf de celles des locaux particuliers où l'économe emmagasinera les objets dont il a la garde. Elle veillera à ce que les portes soient fermées à la nuit tombante, et ne soient ouvertes que quand il fera jour, sauf pour les besoins du service.

Art. 5. — Il sera fourni aux sœurs un logement séparé et à proximité du service. Elles seront meublées convenablement, nourries, blanchies, chauffées et éclairées aux frais de l'établissement, qui leur fournira aussi le gros linge, comme draps, taies d'oreiller, nappes, serviettes, essuie-mains, torchons et tabliers de travail.

Il sera dressé, à l'entrée des sœurs, un inventaire du mobilier qui leur sera donné, et il sera procédé, chaque année, au récolement de cet inventaire.

Art. 6. — L'administration hospitalière versera chaque année, pour l'entretien et le vestiaire de chaque sœur, une somme de payable par trimestre.

Art. 7. — Celle qui sera supérieure et la commission administrative auront respectivement la faculté de provoquer le changement des sœurs. Dans le premier cas, les frais du changement seront à la charge de la congrégation, et, dans le second, à celle de l'établissement.

Art. 8. — L'hôpital-hospice sera tenu de payer les frais du premier voyage et du port des hardes des sœurs. Il en sera de même lors du remplacement d'une sœur par décès, ou lors de l'admission autorisée de nouvelles sœurs, en sus du nombre fixé par le présent traité. Dans ce dernier cas, les sœurs admises le seront aux mêmes conditions que les premières.

Art. 9. — Lorsque l'âge ou les infirmités mettront une sœur hors d'état de continuer son service, elle pourra être conservée comme reposante et être nourrie, éclairée, chauffée, blanchie et fournie de gros linge, pourvu qu'elle compte au moins dix années de service dans l'établissement; mais elle ne pourra pas recevoir le traitement de celles qui sont en activité. Les sœurs infirmes seront remplacées par d'autres hospitalières, aux mêmes conditions que les premières. L'établissement ne sera tenu d'entretenir qu'une reposante tant que le nombre des sœurs qui le desserviront restera inférieur à

Art. 10. — Les sœurs ne recevront aucune pensionnaire et ne soigneront point les personnes riches. Elles ne veilleront aucun malade en ville, de quelque sexe, état ou condition qu'il soit.

Art. 11. — L'aumônier ou chapelain de la maison vivra séparé des sœurs, ne prendra pas ses repas avec elles, et n'aura aucune inspection sur leur conduite.

Art. 12. — Quand une sœur décédera, elle sera enterrée aux frais de l'administration, et l'on fera célébrer, pour le repos de son âme, une grand'messe et deux messes basses.

Art. 13. — Avant le départ des sœurs pour il sera fourni à leur supérieure générale l'argent nécessaire pour les accommodements personnels desdites sœurs, à raison de francs pour chacune, une fois payés; mais cette indemnité ne sera pas accordée lorsqu'il s'agira du changement des sœurs.

Art. 14. — Dans le cas de la retraite volontaire de la communauté, ou de son remplacement, la supérieure générale ou la commission administrative de l'hospice devra prévenir l'autre partie, et lui proposer une date pour la sortie des sœurs de l'établissement; à défaut d'entente sur ce point, la sortie aura lieu mois après la notification faite par celle des parties qui aura pris l'initiative de résilier le traité.

Fait à , en quadruple original; l'un pour la supérieure générale; le second pour la sœur qui sera supérieure de l'hospice; le troisième pour la commission administrative; le quatrième pour le préfet.

ANNEXE N° 6

RÈGLEMENT GÉNÉRAL

POUR

LES ORPHELINATS ANNEXÉS AUX HOSPICES

HOPITAUX ET BUREAUX DE BIENFAISANCE

ARTICLE PREMIER. — L'orphelinat de
a pour but de recevoir (catégories d'enfants)
Cet orphelinat est une annexe de l'hospice de
L'administration en est confiée à la commission administrative du dit hospice.

ART. 2. — Le budget de l'hospice contient un chapitre spécial destiné au budget de l'orphelinat, dont les ressources sont exclusivement affectées à ses besoins et ne pourront en aucun cas être détournées au profit de l'hospice. D'autre part, les ressources de ce dernier établissement ne pourront, en aucun cas, être détournées au profit de l'orphelinat.

ART. 3. — L'orphelinat peut recevoir au maximum enfants. Ce nombre ne peut être augmenté qu'au fur et à mesure qu'il est justifié, devant le préfet, que les ressources et les locaux le permettent.

La commission administrative a seule qualité pour prononcer les admissions; toutefois, lorsqu'il s'agit d'enfants qui se trouvent dans les conditions requises pour être reçus dans le service des enfants assistés en vertu soit du décret du 19 janvier 1811, soit du titre premier de la loi du 14 juillet 1889, l'admission ne peut être prononcée qu'en vertu d'une décision spéciale du préfet.

ART. 4. — Tous les locaux affectés au service de l'orphelinat doivent être absolument distincts du reste de l'établissement et sans communication directe avec lui.

Une décision du préfet prise après avis de la commission d'hygiène et du corps médical de l'établissement fixe la distance à laquelle les locaux de l'orphelinat doivent être situés des salles de malades.

Les locaux affectés à l'orphelinat doivent remplir les conditions prévues par les lois et règlements applicables aux écoles, internats et ateliers.

ART. 5. — Les enfants au-dessous de treize ans reçoivent l'enseignement dans les écoles publiques communales ou établies en vertu de l'article 37 de la loi du 15 juillet 1893.

Les enfants jugés anormaux par le médecin de l'établissement reçoivent dans l'intérieur de l'orphelinat un enseignement compatible avec leurs facultés, s'ils ne peuvent être transférés dans un établissement spécial.

Art. 6. — Les enfants, pour être admis dans l'établissement, doivent être âgés de au moins et de au plus. Ils ne peuvent y rester au delà de ans.

Indépendamment de l'instruction élémentaire dont il a été parlé à l'article précédent, les enfants doivent être mis, par l'enseignement complet d'une profession, en situation de gagner leur vie à la sortie de l'orphelinat, autant que possible à la campagne.

Art. 7. — Une réserve de 50 p. 100 est prélevée chaque année sur le produit intégral du travail des enfants pour leur donner, lorsqu'ils quittent l'établissement, un trousseau et, à la fin de l'année, une somme d'argent fixée en raison de leur travail, par la commission administrative.

Cette somme sera versée à la caisse d'épargne au compte de l'enfant, à qui il sera remis un duplicata du livret conservé par le receveur de l'établissement.

L'excédent disponible de ce prélèvement annuel est placé en rente 3 p. 100 au nom de l'orphelinat, avec mention sur l'inscription de l'emploi auquel il est destiné.

Art. 8. — La commission administrative institue un comité de patronage placé sous son autorité et qui a pour mission de s'occuper du placement et de l'assistance morale des enfants sortis de l'orphelinat.

Art. 9. — Un règlement intérieur élaboré par la commission administrative et approuvé par le préfet détermine les conditions d'administration de l'établissement, les attributions du personnel de la maison, l'emploi du temps, les heures du travail, de repos et de récréation, le régime alimentaire, les conditions d'hygiène et de salubrité des locaux, la composition et les attributions du comité de patronage, les éléments du trousseau de sortie et généralement toutes les dispositions de détail destinées à assurer le bon fonctionnement de l'œuvre.

ANNEXE N° 7

Modèle de registre matricule.

HOPITAL et/ou HOSPICE d

REGISTRE MATRICULE

DES

HOSPITALISÉS

Le présent registre contenant feuillets, a été coté et parafé à chaque feuillet par nous, vice-président de la commission administrative.

A , le 19 .

Registre matricule des

N° D'ORDRE	NOM ET PRÉNOMS	SEXE	PROFESSION	DATE et LIEU DE NAISSANCE	ÉTAT-CIVIL (marié, célibataire).	DOMICILE de SECOURS
1	2	3	4	5	6	7

ospitalisés (année 19 .)

ATE de NTRÉE hospice ou à ôpital.	MOTIFS de L'ADMISSION (pour les malades, diagnostic médical sommaire).	CONDITIONS de L'ADMISSION (par exemple) aux frais de l'assistance médicale ou d'une compagnie d'assurances).	SERVICE où est placé L'HOSPITALISÉ (médecine, chirurgie, maternité, incurables, etc.)	DATE DE LA SORTIE de l'établissement.	MOTIFS DE LA SORTIE (guérison, convalescence, transfert, décès, etc.).	TOTAL DES FRAIS occasionnés par l'hospitalisé.	OBSERVATIONS
8	9	10	11	12	13	14	15

Répertoire alphabétique.

NOMS ET PRÉNOMS	NUMÉROS	ANNÉES	NOMS ET PRÉNOMS	NUMÉROS	ANNÉES

ANNEXE N° 8

LABORATOIRES

DE RADIOGRAPHIE ET DE RADIOSCOPIE

(Circulaire du 22 avril 1898.)

Dans ces dernières années l'art de guérir a fait une évolution rapide et féconde. Les progrès réalisés ont plus particulièrement porté sur la chirurgie active; grâce aux procédés de l'asepsie les actes opératoires ont aujourd'hui une justesse remarquable, une bénignité véritablement merveilleuse.

Ces notions ont peu à peu pénétré dans les établissements hospitaliers. Mais l'administration qui a la charge de l'assistance médicale gratuite doit leur signaler maintenant une récente conquête de la science, l'application si heureuse de la radiographie et de la radioscopie, mode de recherche, d'étude et de contrôle désormais indispensable pour certains examens cliniques.

L'Académie de médecine consultée sur ce sujet a dans sa séance du 15 mars dernier émis l'avis qu'il convenait « de recommander aux établissements hospitaliers, dans l'intérêt du traitement des malades pauvres, l'application de la radiographie et de la radioscopie ».

Je crois devoir porter à votre connaissance les termes du rapport de M. Gariel d'après lequel l'Académie a pris cette délibération :

« M. le Ministre de l'intérieur, dans une lettre du 24 janvier 1898, a demandé à l'Académie de médecine de donner son avis sur le point de savoir dans quelle mesure, dans l'état actuel de la science, il conviendrait de recommander aux établissements hospitaliers, dans l'intérêt du traitement des malades pauvres, l'application des nouvelles découvertes de la radiographie et de la radioscopie.

« Lorsqu'un fait scientifique nouveau est découvert, il s'écoule souvent un assez long temps avant qu'il puisse être pratiquement utilisé d'une manière courante; aussi, en général, n'est-ce qu'avec une grande circonspection qu'il convient de recommander l'emploi de méthodes nouvelles.

« Mais la radiographie et la fluoroscopie, basées sur les découvertes toutes récentes du professeur Röntgen, sont d'une assez grande simplicité pour qu'il n'y ait pas lieu de penser qu'elles puissent être améliorées, si ce n'est dans quelques détails. Elles ont d'ailleurs fait leurs preuves, et considérable déjà est le nombre des cas dans lesquels ces méthodes d'examen ont apporté aux médecins et aux chirurgiens de précieux éléments de diagnostic; pour s'en convaincre, il suffit de parcourir les comptes rendus des séances de l'Académie de médecine, sans parler des cas très nombreux où la radiographie a été avantageusement utilisée dans les hôpitaux ou dans la pratique civile.

« Aussi en se basant, d'une part, sur l'état de perfection déjà avancé auquel sont parvenues la radiographie et la radioscopie, et, d'autre part, sur les résultats avantageux qu'on est en droit d'en attendre d'après ceux qu'elles ont déjà fournis, l'Académie de médecine est d'avis qu'il conviendrait de recommander aux établissements hospitaliers, dans l'intérêt du traitement des malades pauvres, l'application de ces nouvelles méthodes. »

Vous voudrez donc bien attirer sur ce point l'attention des commissions administratives et les engager à faire de concert avec les municipalités quelque effort pour assurer au corps médical l'outillage et les installations devenus nécessaires au traitement des blessés et des malades d'après les données de la science moderne. Je verrais avec satisfaction que les administrations hospitalières installassent dans les principaux établissements des laboratoires-annexes bien disposés, bien outillés et convenablement dotés où les médecins et chirurgiens pourraient, au grand profit des malheureux, utiliser les nouvelles inventions scientifiques.

Pour le ministre de l'intérieur:

Le conseiller d'État, directeur,

HENRI MONOD.

ANNEXE N° 9

MESURES A PRENDRE

DANS LES LABORATOIRES DE BACTÉRIOLOGIE

(*Circulaire du 17 février 1899.*)

La commission chargée par M. le ministre de l'instruction publique, d'accord avec mon administration, d'étudier les mesures à prendre pour préserver les étudiants et le public des dangers qui pourraient résulter des recherches poursuivies dans les laboratoires de bactériologie a exposé, dans une instruction élaborée par ses soins, un ensemble de mesures auxquelles M. le ministre de l'instruction publique a donné son approbation et qu'il a portées à la connaissance de MM. les recteurs sous la forme suivante:

« MONSIEUR LE RECTEUR,

« A la suite des faits qui se sont passés récemment à Vienne, une commission, composée de représentants des ministères de l'instruction publique et de l'intérieur, a été chargée d'étudier les mesures propres à préserver les étudiants et le public des dangers qui pourraient résulter des recherches poursuivies dans les laboratoires de bactériologie.

« Cette commission s'est réunie au ministère de l'instruction publique et elle m'a proposé un ensemble de mesures auxquelles je n'ai pas hésité à donner mon entière approbation.

« Ces mesures sont exposées dans une instruction élaborée par la commission elle-même et que j'ai l'honneur de vous exposer ci-après:

« Il n'entre pas dans les intentions de la commission de demander qu'il soit apporté une « restriction quelconque aux travaux des laboratoires de bactériologie, car, pour com- « battre efficacement les maladies infectieuses, il faut d'abord les bien connaître.

« La commission a même été unanime à penser que les dangers que peuvent causer « ces laboratoires ne doivent pas être exagérés. En réalité, on n'a compté jusqu'ici, du « moins en France, que de rares accidents individuels.

« D'ailleurs, tout accident serait prévenu et évité, si les chefs de laboratoire savaient « exercer autour d'eux l'action nécessaire, s'ils étaient bien pénétrés de leurs devoirs vis- « à-vis des étudiants et du public et de leur responsabilité. Leur rappeler cette responsa-

« bilité et les avertir qu'il leur sera personnellement demandé compte de tout accident « survenant dans leurs laboratoires est la meilleure mesure que puissent prendre, en l'es- « pèce, les pouvoirs publics.

« Il appartient donc aux chefs de laboratoire de choisir avec soin leur personnel ; le « recrutement des garçons de laboratoire attirera particulièrement leur attention. Ces « agents ne doivent être nommés que s'ils sont reconnus tout à fait capables de remplir « ces fonctions souvent délicates.

« Informés de toutes les recherches poursuivies autour d'eux, les chefs de laboratoire « ne laisseront entreprendre les travaux dangereux que par ceux de leurs auxiliaires « qu'une instruction technique rend aptes à ces travaux. Ils n'autoriseront la sortie des « cultures hors du laboratoire qu'après s'être assurés de leur destination.

« Enfin, ils sauront maintenir la discipline et imposer l'observation des précautions sui- « vantes, dont l'usage a démontré l'efficacité.

« 1° Aménagement du laboratoire.

« Les tables de travail doivent être aisément désinfectables, les tables en lave émaillée, « ou, à défaut, les tables en ardoise, les tables en bois imperméable ou recouvertes d'une « plaque de verre sont celles qui donnent le plus de sécurité.

« Les animaux destinés aux expériences seront placés dans des cages métalliques faciles « à stériliser par flambage ou par immersion dans une solution antiseptique, et ces « cages seront disposées dans une chambre spéciale distincte de la salle de travail ; le sol « de cette chambre sera carrelé ou bitumé, de façon à se prêter facilement au lavage et à « la désinfection.

« 2° Entretien du laboratoire.

« En cas de contamination accidentelle du sol (culture ou matière virulente projetée « à terre) il conviendra de couvrir immédiatement la partie souillée de liquide anti- « septique.

« Le nettoyage du sol doit se faire sans soulever aucune poussière : le procédé le plus « simple consiste à pratiquer ce nettoyage avec de la sciure de bois imprégnée d'une so- « lution étendue d'acide sulfurique. Le lavage des murs se fera à l'éponge trempée dans « une solution antiseptique.

« 3° Tenue des élèves.

« Toute personne travaillant dans un laboratoire de bactériologie doit revêtir une « blouse, et cette blouse sera rigoureusement désinfectée par le passage à l'étuve avant « d'être livrée au blanchissage.

« Les élèves seront avertis qu'il serait dangereux de fumer dans un laboratoire bacté- « riologique, que cette pratique peut occasionner des contaminations microbiennes : la « cigarette ou le cigare déposé sur les tables de travail peut se souiller de germes qui se « trouvent ainsi facilement portés à la bouche. Les élèves seront formellement invités « à s'abstenir de fumer.

« 4° Cultures usées.

« Toute culture qui cesse d'être utilisée doit être détruite par stérilisation ; sous aucun « prétexte, elle ne doit être jetée (à l'égout, etc.) avant cette destruction.

« 5° Expériences sur les animaux « et traitement des résidus animaux.

« Une excellente pratique dans les expériences faites sur les maladies dangereuses et « de courte durée (peste, morve, etc.) est de placer l'animal inoculé, non dans une cage « mais dans un bocal, et de l'y laisser séjourner jusqu'à sa mort. La stérilisation du bocal « s'effectue ensuite facilement en remplissant ce vase avec une solution antiseptique, « acide phénique acidulé par exemple, qu'on y laisse quarante-huit heures au moins.

« Si on place l'animal dans une cage, cette cage doit être munie d'une étiquette ap- « parente indiquant la nature de la maladie du sujet. Les litières des animaux contaminés « doivent être soigneuseusement détruites par crémation.

« C'est aussi par crémation, par incinération dans un four spécial, qu'il faut détruire « les cadavres des animaux qui ont servi aux expériences. L'incinération peut, dans « quelques cas particuliers, être remplacée par l'immersion dans l'acide sulfurique ou, « pour les petits animaux, par l'ébullition prolongée du cadavre. Les animaux seront « toujours transportés au four crématoire (ou au vase d'immersion) dans une *caisse bien* « *close*.

« En terminant l'énumération de ces diverses précautions, la commission rappelle « encore aux chefs de laboratoires, que seule leur surveillance assidue peut en assurer « l'efficacité. »

« Je vous prie de vouloir bien porter cette instruction à la connaissance de MM. les doyens des facultés de médecine et de sciences et de M. le directeur de l'école de médecine de votre ressort académique, et les inviter à veiller personnellement à ce qu'elle soit rigoureusement observée.

« Elle devra être affichée dans chaque laboratoire intéressé, et, à cet effet, je vous en adresse ci-joint un certain nombre d'exemplaires.

« Recevez, monsieur le recteur, l'assurance de ma considération très distinguée.

« Le ministre de l'instruction publique et des beaux-arts,

« GEORGES LEYGUES. »

J'estime qu'il y aurait grand intérêt à communiquer ces instructions aux directeurs des laboratoires de bactériologie rattachés à des services hospitaliers de votre département et de ceux qui existent auprès de certains bureaux d'hygiène.

J'ajoute que la même commission a émis en outre le vœu que « chaque hôpital soit pourvu d'un seul laboratoire central avec chef responsable, de façon à supprimer les petits laboratoires dispersés en grand nombre dans les hôpitaux, où personne n'est effectivement responsable, et où la surveillance de l'administration générale ne peut utilement s'exercer ».

En émettant ce vœu, la commission paraît s'être placée surtout au point de vue du danger de la transmission des maladies épidémiques ; il semble qu'il pourrait résulter de l'adoption de cette mesure un autre avantage qui milite également en faveur de la prise en considération de cette proposition ; c'est celui de l'économie qu'elle permettrait de réaliser dans l'installation des laboratoires et de la meilleure utilisation des dépenses faites par les administrations hospitalières dans l'intérêt de la science.

Il arrive souvent qu'un laboratoire est créé sur la demande d'un médecin désireux de poursuivre des recherches personnelles ; lorsque ce médecin quitte l'hôpital, son successeur ne s'adonne pas toujours aux mêmes études, et les dépenses faites pour l'installation du laboratoire et l'achat des instruments restent inutilisées. Cet inconvénient disparaît avec un laboratoire central, dont tous les chefs de service profitent dans la mesure qu'ils jugent convenable.

Je vous serai obligé de porter ces instructions à la connaissance des municipalités et des administrations hospitalières de votre département qu'elles pourraient intéresser, à raison de l'existence de laboratoires de bactériologie.

Vous voudrez bien m'accuser réception de la présente circulaire et ne manquerez pas de me tenir au courant des mesures qui auront été prises par les administrations que cela concerne, pour satisfaire aux recommandations de la commission spéciale.

Pour le président du conseil, ministre de l'intérieur et des cultes :

Le conseiller d'État,

directeur de l'assistance et de l'hygiène publiques,

HENRI MONOD.

ANNEXE N° 10

LOI DU 7 AOUT 1851

SUR LES HOSPICES ET LES HOPITAUX

TITRE PREMIER

Admission dans les hospices et hôpitaux.

ARTICLE PREMIER. — Lorsqu'un individu privé de ressources tombe malade dans une commune, aucune condition de domicile ne peut être exigée pour son admission dans l'hôpital existant dans la commune.

ART. 2. — Un règlement particulier, rendu conformément au dernier paragraphe de l'article 8 de la présente loi, déterminera les conditions de domicile et d'âge nécessaires pour être admis dans chaque hospice destiné aux vieillards et aux infirmes.

ART. 3. — Les malades et incurables indigents des communes privées d'établissements hospitaliers pourront être admis aux hospices et hôpitaux du département désignés par le conseil général, sur la proposition du préfet, suivant un prix de journée fixé par le préfet, d'accord avec la commission des hospices et hôpitaux.

ART. 4. — Les communes qui voudraient profiter du bénéfice de l'article 3 supporteront la dépense nécessaire pour le traitement de leurs malades et incurables.

Toutefois, le département, dans les cas et les proportions déterminés par le conseil général, pourra venir en aide aux communes dont les ressources sont insuffisantes.

Dans le cas où les revenus d'un hospice ou hôpital le permettraient, les commissions administratives sont autorisées à admettre dans les lits vacants les malades ou incurables des communes, sans exiger d'elles le prix de journée fixé par l'article 3.

ART. 5. — L'administration des hospices et hôpitaux peut toujours exercer son recours, s'il y a lieu, contre les membres de la famille du malade, du vieillard ou de l'incurable, désignés par les articles 205 et 206 du code civil.

Les communes auxquelles s'appliquent les articles 3 et 4 de la présente loi jouissent des mêmes droits.

TITRE II

Administration.

ART. 6. — Un règlement d'administration publique, rendu dans le délai de six mois, à partir de la promulgation de la présente loi, déterminera la composition des commissions administratives des hospices et hôpitaux (1).

(1) En exécution de cet article, le décret du 23 mars 1852 avait déterminé la composition des commissions administratives ; aujourd'hui la matière est réglée par la loi du 21 mai 1873 dont certaines dispositions ont été modifiées par la loi du 5 août 1879.

ART. 7. — La commission administrative est chargée de diriger et de surveiller le service intérieur et extérieur des établissements hospitaliers.

ART. 8. — La commission des hospices et hôpitaux règle par ses délibérations les objets suivants:

Le mode d'administration des biens et revenus des établissements hospitaliers;

Les conditions des baux et fermes de ces biens, lorsque leur durée n'excède pas dix-huit ans pour les biens ruraux et neuf pour les autres;

Le mode et les conditions des marchés pour fournitures et entretien dont la durée n'excède pas une année, les travaux de toute nature dont la dépense ne dépasse pas 3.000 francs.

Toute délibération sur l'un de ces objets est exécutoire si, trente jours après la notification officielle, le préfet ne l'a pas annulée, soit d'office pour violation de la loi ou d'un règlement d'administration publique, soit sur la réclamation de toute partie intéressée.

La commission arrête également, mais avec l'approbation du préfet, les règlements du service, tant intérieur qu'extérieur et de santé, et les contrats à passer pour le service avec les congrégations hospitalières.

ART. 9. — La commission délibère sur les objets suivants:

Les budgets, comptes, et, en général, toutes les recettes et dépenses des établissements hospitaliers;

Les acquisitions, échanges, aliénations des propriétés de ces établissements, leur affectation au service, et, en général, tout ce qui intéresse leur conservation et leur amélioration;

Les projets de travaux pour construction, grosses réparations et démolitions dont la valeur excède 3.000 francs;

Les conditions ou cahiers des charges des adjudications de travaux et marchés pour fournitures ou entretien dont la durée excède une année;

Les actions judicaires et transactions;

Les placements de fonds et emprunts;

Les acceptations de dons et legs.

ART. 10. — Les délibérations comprises dans l'article précédent sont soumises à l'avis du conseil municipal, et suivent, quant aux autorisations, les mêmes règles que les délibérations de ce conseil.

Néanmoins, l'aliénation des biens immeubles formant la dotation des hospices et hôpitaux ne peut avoir lieu que sur l'avis conforme du conseil municipal.

ART. 11. — Le président de la commission des hospices et hôpitaux peut toujours, à titre conservatoire, accepter, en vertu de la délibération de la commission, les dons et legs faits aux établissements charitables.

Le décret du pouvoir exécutif ou l'arrêté du préfet qui interviendra aura effet du jour de cette acceptation.

ART. 12. — La comptabilité est soumise aux règles de la comptabilité des communes.

ART. 13. — Les recettes des établissements hospitaliers pour lesquels les lois et règlements n'ont pas prescrit un mode spécial de recouvrement, s'effectuent sur des états dressés par le maire, sur la proposition de la commission administrative. Ces états sont exécutoires après qu'ils ont été visés par le sous-préfet. Les oppositions, lorsque la matière est de la compétence des tribunaux ordinaires, sont jugées comme affaires sommaires, et la commission administrative peut y défendre, sans autorisation du conseil de préfecture.

Art. 14. — La commission nomme son secrétaire, l'économe, les médecins et chirurgiens, mais elle ne peut les révoquer qu'avec l'approbation du préfet.

Les receveurs sont nommés par le ministre de l'intérieur, sur la proposition des commissions des hospices et hôpitaux, et de l'avis des préfets.

Lorsque le revenu des établissements hospitaliers n'excède pas 30.000 francs, les fonctions de receveur sont toujours exercées par le receveur de la commune.

Cette disposition n'est pas applicable aux titulaires actuels.

Dans tous les cas, la commission des hospices et hôpitaux exerce, à l'égard du receveur de ces établissements, les droits attribués au conseil municipal à l'égard du receveur des communes.

Art. 15. — La commission, d'accord avec le conseil municipal, et sous l'approbation du préfet, pourra traiter de gré à gré, ou par voie d'abonnement, de la fourniture des aliments et objets de consommation nécessaires aux établissements hospitaliers.

Art. 16. — Lorsque la commune ne possèdera pas d'hopices ou hôpitaux, ou qu'ils seront insuffisants, le conseil municipal pourra traiter avec un établissement privé pour l'entretien des malades et des vieillards, après avoir consulté la commission des hospices et hôpitaux qui sera chargée de veiller à l'exécution du contrat passé avec l'établissement privé.

Les traités devront être soumis à l'approbation du préfet.

Art. 17. — La commission des hospices et des hôpitaux pourra, avec les mêmes approbations, et en se conformant aux prescriptions de l'article 5, convertir une partie des revenus attribués aux hospices, mais seulement jusqu'à concurrence d'un cinquième, en secours à domicile annuels en faveur des vieillards ou infirmes placés dans leurs familles (1).

Art. 18. — Les précédentes dispositions ne porteront aucune atteinte aux droits des communes rurales sur les lits des hospices et hôpitaux d'une autre commune, ni aux droits quelconques résultant de fondations faites par les départements, les communes ou les particuliers, qui doivent toujours être respectées.

Art. 19. — Toutes les dispositions contraires à la présente loi sont et demeurent abrogées.

Art. 20. — Il n'est pas dérogé, par la présente, à la loi du 10 janvier 1849, sur l'organisation de l'assistance publique dans la ville de Paris.

---

(1) Cet article a été modifié par l'article 7 de la loi du 21 mai 1873, dont voici le texte :

Les commissions administratives des hospices et hôpitaux pourront, de concert avec les bureaux de bienfaisance, assister à domicile les malades indigents.

A cet effet, elles sont autorisées par extension de la faculté ouverte par l'article 17 de la loi du 7 août 1851, à disposer des revenus hospitaliers, jusqu'à concurrence du quart, pour les affecter au traitement des malades à domicile et à l'allocation de secours annuels en faveur des vieillards ou infirmes placés dans leur famille.

La portion des revenus ainsi employés pourra être portée au tiers avec l'assentiment du conseil général.

ANNEXE N° 11

LOI

DU 15 JUILLET 1893 SUR L'ASSISTANCE MÉDICALE GRATUITE

TITRE Ier

ORGANISATION DE L'ASSISTANCE MÉDICALE

ARTICLE PREMIER. — Tout français malade, privé de ressources, reçoit gratuitement de la commune, du département ou de l'État, suivant son domicile de secours, l'assistance médicale à domicile ou, s'il y a impossibilité de le soigner utilement à domicile, dans un établissement hospitalier.

Les femmes en couches sont assimilées à des malades.

Les étrangers malades, privés de ressources, seront assimilés aux français toutes les fois que le Gouvernement aura passé un traité d'assistance réciproque avec leur nation d'origine.

ART. 2. — La commune, le département ou l'État peuvent toujours exercer leur recours, s'il y a lieu, soit l'un contre l'autre, soit contre toutes personnes, sociétés ou corporations tenues à l'assistance médicale envers le malade, notamment contre les membres de la famille de l'assisté désignés par les articles 205, 206, 207 et 212 du code civil.

ART. 3. — Toute commune est rattachée pour le traitement de ses malades à un ou plusieurs des hôpitaux les plus voisins.

Dans le cas où il y a impossibilité de soigner utilement un malade à domicile, le médecin délivre un certificat d'admission à l'hôpital. Ce certificat doit être contresigné par le président du bureau d'assistance ou son délégué.

L'hôpital ne pourra réclamer à qui de droit le remboursement des frais de journée qu'autant qu'il représentera le certificat ci-dessus.

ART. 4. — Il est organisé dans chaque département, sous l'autorité du préfet et suivant les conditions déterminées par la présente loi, un service d'assistance médicale gratuite pour les malades privés de ressources.

Le conseil général délibère dans les conditions prévues par l'article 48 de la loi du 10 août 1871 :

1° sur l'organisation du service de l'assistance médicale, la détermination et la création des hôpitaux auxquels est rattaché chaque commune ou syndicat de communes ;

2° sur la part de la dépense incombant aux communes et aux départements.

Art. 5. — A défaut de délibération du conseil général sur les objets prévus à l'article précédent, ou en cas de suspension de la délibération en exécution de l'article 49 de la loi du 10 août 1871, il peut être pourvu à la réglementation du service par un décret rendu dans la forme des règlements d'administration publique.

TITRE II

DOMICILE DE SECOURS

Art. 6. — Le domicile de secours s'acquiert :

1° par une résidence habituelle d'un an dans une commune, postérieurement à la majorité ou à l'émancipation ;

2° par la filiation. L'enfant a le domicile de secours de son père. Si la mère a survécu au père, ou si l'enfant est un enfant naturel reconnu par sa mère seulement, il a le domicile de sa mère. En cas de séparation de corps ou de divorce des époux, l'enfant légitime partage le domicile de l'époux à qui a été confié le soin de son éducation ;

3° par le mariage. La femme, du jour de son mariage, acquiert le domicile de secours de son mari. Les veuves, les femmes divorcées ou séparées de corps, conservent le domicile de secours antérieur à la dissolution du mariage ou au jugement de séparation.

Pour les cas non prévus dans le présent article, le domicile de secours est le lieu de la naissance jusqu'à la majorité ou à l'émancipation.

Art. 7. — Le domicile de secours se perd :

1° par une absence ininterrompue d'une année, postérieurement à la majorité ou à l'émancipation ;

2° par l'acquisition d'un autre domicile de secours.

Si l'absence est occasionnée par des circonstances excluant toute liberté de choix de séjour ou par un traitement dans un établissement hospitalier situé en dehors du lieu habituel de résidence du malade, le délai d'un an ne commence à courir que du jour où ces circonstances n'existent plus.

Art. 8.— A défaut de domicile de secours communal, l'assistance médicale incombe au département dans lequel le malade privé de ressources aura acquis son domicile de secours.

Quand le malade n'a ni domicile de secours communal, ni domicile de secours départemental, l'assistance médicale incombe à l'État.

Art. 9. — Les enfants assistés ont leur domicile de secours dans le département au service duquel ils appartiennent, jusqu'à ce qu'ils aient acquis un autre domicile de secours.

TITRE III

BUREAU ET LISTE D'ASSISTANCE

Art. 10. — Dans chaque commune, un bureau d'assistance assure le service de l'assistance médicale.

La commission administrative du bureau d'assistance est formée par les commissions administratives réunies de l'hospice et du bureau de bienfaisance, ou par cette dernière seulement quand il n'existe pas d'hospice dans la commune.

A défaut d'hospice ou de bureau de bienfaisance, le bureau d'assistance est régi par la loi du 21 mai 1873 (articles 1 à 5) modifiée par la loi du 5 août 1879, et possède, outre les attributions qui lui sont dévolues par la présente loi, tous les droits et attributions qui appartiennent au bureau de bienfaisance.

ART. 11. — Le président du bureau d'assistance a le droit d'accepter, à titre conservatoire, des dons et legs, et de former, avant l'autorisation, toute demande en délivrance.

Le décret du Président de la République ou l'arrêté du préfet qui interviennent ultérieurement ont effet du jour de cette acceptation.

Le bureau d'assistance est représenté en justice et dans tous les actes de la vie civile par un de ses membres que ses collègues élisent, à cet effet, au commencement de chaque année.

L'administration des fondations, dons et legs qui ont été faits aux pauvres ou aux communes, en vue d'assurer l'assistance médicale, est dévolue au bureau d'assistance.

Les bureaux d'assistance sont soumis aux règles qui régissent l'administration et la comptabilité des hospices, en ce qu'elles n'ont rien de contraire à la présente loi.

ART. 12. — La commission administrative du bureau d'assistance, sur la convocation de son président, se réunit au moins quatre fois par an.

Elle dresse, un mois avant la première session ordinaire du conseil municipal, la liste des personnes qui, ayant dans la commune leur domicile de secours, doivent être, en cas de maladie, admises à l'assistance médicale, et elle procède à la revision de cette liste un mois avant chacune des trois autres sessions.

Le médecin de l'assistance ou un délégué des médecins de l'assistance, le receveur municipal et un des répartiteurs désigné par le sous-préfet, peuvent assister à la séance avec voix consultative.

ART. 13. — La liste d'assistance médicale doit comprendre nominativement tous ceux qui seront admis aux secours, lors même qu'ils sont membres d'une même famille.

ART. 14. — La liste est arrêtée par le conseil municipal, qui délibère en comité secret : elle est déposée au secrétariat de la mairie.

Le maire donne avis du dépôt par affiches aux lieux accoutumés.

ART. 15. — Une copie de la liste et du procès-verbal constatant l'accomplissement des formalités prescrites par l'article précédent est en même temps transmise au sous-préfet de l'arrondissement.

Si le préfet estime que les formalités prescrites par la loi n'ont pas été observées, il défère les opérations, dans les huit jours de la réception de la liste, au conseil de préfecture, qui statue dans les huit jours, et fixe, s'il y a lieu, le délai dans lequel les opérations annulées seront refaites.

ART. 16. — Pendant un délai de vingt jours à compter du dépôt, les réclamations en inscription ou en radiation peuvent être faites par tout habitant ou contribuable de la commune.

ART. 17. — Il est statué souverainement sur ces réclamations, le maire entendu ou dûment appelé, par une commission cantonale composé du sous-préfet de l'arrondissement, du conseiller général, d'un conseiller d'arrondissement dans l'ordre de nomination et du juge de paix du canton.

Le sous-préfet ou, à son défaut, le juge de paix préside la commission.

Art. 18. — Le président de la commission donne, dans les huit jours, avis des décisions rendues au sous-préfet et au maire, qui opèrent sur la liste les additions ou les retranchements prononcés.

Art. 19. — En cas d'urgence, dans l'intervalle de deux sessions,le bureau d'assistance peut admettre provisoirement, dans les conditions de l'article 12 de la présente loi, un malade non inscrit sur la liste.

En cas d'impossibilité de réunir à temps le bureau d'assistance, l'admission peut être prononcée par le maire, qui en rend compte, en comité secret, au conseil municipal, dans sa plus prochaine séance.

Art. 20. — En cas d'accident ou de maladie aiguë, l'assistance médicale des personnes qui n'ont pas le domicile de secours dans la commune où s'est produit l'accident ou la maladie incombe à la commune, dans les conditions prévues à l'article 21, s'il n'existe pas d'hôpital dans la commune.

L'admission de ces malades à l'assistance médicale est prononcée par le maire, qui avise immédiatement le préfet et en rend compte, en comité secret, au conseil municipal dans sa plus prochaine séance.

Le préfet accuse réception de l'avis et prononce dans les dix jours sur l'admission aux secours de l'assistance.

Art. 21. — Les frais avancés par la commune en vertu de l'article précédent, sauf pour les dix premiers jours de traitement, sont remboursés par le département d'après un état régulier dressé conformément au tarif fixé par le conseil général.

Le département qui a fourni l'assistance peut exercer son recours contre qui de droit. Si l'assisté a son domicile de secours dans un autre département, le recours est exercé contre le département, sauf la faculté pour ce dernier d'exercer à son tour son recours contre qui de droit.

Art. 22. — L'inscription sur la liste prévue à l'article 12 continue à valoir pendant un an, au regard des tiers, à partir du jour où la personne inscrite a quitté la commune, sauf la faculté pour la commune de prouver que cette personne n'est plus en situation d'avoir besoin de l'assistance médicale gratuite.

Art. 23. — Le préfet prononce l'admission aux secours de l'assistance médicale des malades privés de ressources et dépourvus d'un domicile de secours communal.

Le préfet est tenu d'adresser au commencement de chaque mois, à la commission départementale ou au ministre de l'intérieur, suivant que l'assistance incombe au département ou à l'État, la liste nominative des malades ainsi admis pendant le mois précédent aux secours de l'assistance médicale.

TITRE IV

SECOURS HOSPITALIERS

Art. 24. — Le prix de journée des malades placés dans les hôpitaux aux frais des communes, des départements ou de l'État est réglé par arrêté du préfet, sur la proposition des commissions administratives de ces établissements et après avis du conseil général du département, sans qu'on puisse imposer un prix de journée inférieur à la moyenne du prix de revient constaté pendant les cinq dernières années.

Art. 25. — Les droits résultant d'actes de fondations, des édits d'union ou de conventions particulières sont et demeurent réservés.

Il n'est pas dérogé à l'article premier de la loi du 7 août 1851.

Tous les lits dont l'affectation ne résulte pas des deux paragraphes précédents ou qui ne seront pas reconnus nécessaires aux services des vieillards ou incurables, des militaires, des enfants assistés et des maternités, seront affectés au service de l'assistance médicale.

TITRE V

DÉPENSES, VOIES ET MOYENS

Art. 26. — Les dépenses du service de l'assistance médicale se divisent en dépenses ordinaires et dépenses extraordinaires.

Les dépenses ordinaires comprennent :

1° les honoraires des médecins, chirurgiens et sages-femmes du service d'assistance à domicile ;

2° les médicaments et appareils;

3° les frais de séjour des malades dans les hôpitaux.

Ces dépenses sont obligatoires. Elles sont supportées par les communes, le departement et l'État, suivant les règles établies par les articles 27, 28 et 29.

Les dépenses extraordinaires comprennent les frais d'agrandissement et de construction d'hôpitaux.

L'État contribuera à ces dépenses par des subventions dans la limite des crédits votés.

Chaque année, une somme sera à cet effet inscrite au budget.

Art. 27. — Les communes dont les ressources spéciales de l'assistance médicale et les ressources ordinaires inscrites à leur budget seront insuffisantes pour couvrir les frais de ce service sont autorisées à voter des centimes additionnels aux quatre contributions directes ou des taxes d'octroi pour se procurer le complément des ressources nécessaires.

Les taxes d'octroi votées en vertu du paragraphe précédent seront soumises à l'approbation de l'autorité compétente, conformément aux dispositions de l'article 137 de la loi du 5 avril 1884.

La part que les communes seront obligées de demander aux centimes additionnels ou aux taxes d'octroi ne pourra être moindre de 20 p. 100 ni supérieure à 90 p. 100 de la dépense à couvrir, conformément au tableau A ci-annexé.

Art. 28. — Les départements, outre les frais qui leur incombent de par les articles précédents, sont tenus d'accorder aux communes qui auront été obligées de recourir à des centimes additionnels ou à des taxes d'octroi, des subventions d'autant plus fortes que leur centime sera plus faible, mais qui ne pourront dépasser 80 p. 100 ni être inférieures à 10 p. 100 du produit de ces centimes additionnels ou taxes d'octroi, conformément au tableau A précité.

En cas d'insuffisance des ressources spéciales de l'assistance médicale et des ressources ordinaires de leur budget, ils sont autorisés à voter des centimes additionnels aux quatre contributions directes dans la mesure nécessitée par la présente loi.

Art. 29. — L'État concourt aux dépenses départementales de l'assistance médicale par des subventions aux départements dans une proportion qui variera de 10 à 70 p. 100

du total de ces dépenses couvertes par des centimes additionnels, et qui sera calculée en raison inverse de la valeur du centime départemental par kilomètre carré, conformément au tableau B ci-annexé.

L'État est en outre chargé :

1° des dépenses occasionnées par le traitement des malades n'ayant aucun domicile de secours ;

2° des frais d'administration relatifs à l'exécution de la présente loi.

TITRE VI

DISPOSITIONS GÉNÉRALES

Art. 30. — Les communes, les départements, les bureaux de bienfaisance et les établissements hospitaliers possédant, en vertu d'actes de fondations, des biens dont le revenu a été affecté par le fondateur à l'assistance médicale des indigents, à domicile, sont tenus de contribuer aux dépenses de l'assistance médicale jusqu'à concurrence dudit revenu, sauf ce qui a été dit à l'article 25.

Art. 31. — Tous les recouvrements relatifs au service de l'assistance médicale s'effectuent comme en matière de contributions directes.

Toutes les recettes du bureau d'assistance pour lesquelles les lois et règlements n'ont pas prévu un mode spécial de recouvrement s'effectuent sur les états dressés par le président.

Ces états sont exécutoires après qu'ils ont été visés par le préfet ou le sous-préfet.

Les oppositions, lorsque la matière est de la compétence des tribunaux ordinaires, sont jugées comme affaires sommaires, et le bureau peut y défendre sans autorisations du conseil de préfecture.

Art. 32. — Les certificats, significations, jugements, contrats, quittances et autres actes faits en vertu de la présente loi et exclusivement relatifs au service de l'assistance médicale, sont dispensés du timbre et enregistrés gratis lorsqu'il y a lieu à la formalité de l'enregistrement, sans préjudice du bénéfice de la loi du 22 janvier 1851 sur l'assistance judiciaire.

Art. 33. — Toutes les contestations relatives à l'exécution soit de la délibération du conseil général prise en vertu de l'article 4, soit du décret rendu en vertu de l'article 5, ainsi que les réclamations des commissions administratives relatives à l'exécution de l'arrêté préfectoral prévu à l'article 24, sont portées devant le conseil de préfecture du département du requérant et, en cas d'appel, devant le Conseil d'État.

Les pourvois devant le Conseil d'État dans les cas prévus au paragraphe précédent sont dispensés de l'intervention de l'avocat.

Art. 34. — Les médecins du service de l'assistance médicale gratuite ne pourront être considérés comme inéligibles au conseil général ou au conseil d'arrondissement à raison de leur rétribution sur le budget départemental.

Art. 35. — Les communes ou syndicats de communes qui justifient remplir d'une manière complète leur devoir d'assistance envers leurs malades, peuvent être autorisés par une décision spéciale du ministre de l'intérieur, rendue après avis du Conseil supérieur de l'assistance publique, à avoir une organisation spéciale.

Art. 36. — Sont abrogées les dispositions du décret-loi du 24 vendémiaire, an II, en ce qu'elles ont de contraire à la présente loi.

Barêmes annexés à la loi du 15 juillet 1893.

Tableau A

Servant à déterminer la part de dépense à couvrir par les communes au moyen des ressources extraordinaires (centimes additionnels et taxes d'octroi) et le montant de la subvention qui doit leur être allouée pour l'assistance médicale gratuite, eu égard à la valeur du centime additionnel.

VALEUR DU CENTIME COMMUNAL	PORTION DE LA DÉPENSE A COUVRIR		VALEUR DU CENTIME COMMUNAL	PORTION DE LA DÉPENSE A COUVRIR	
	par les communes au moyen des ressources extraordinaires.	par le département au moyen de ses subventions et de celles de l'État.		par les communes au moyen des ressources extraordinaires.	par le département au moyen de ses subventions et de celles de l'État.
Au-dessous de 20 fr...	20 p. 100	80 p. 100	De 100 fr. 01 à 200 fr...	50 p. 100	50 p. 100
De 20 fr. 01 à 40 fr...	25 —	75 —	De 200 fr. 01 à 300 fr...	60 —	40 —
De 40 fr. 01 à 60 fr...	30 —	70 —	De 300 fr. 01 à 600 fr...	70 —	30 —
De 60 fr. 01 à 80 fr...	35 —	65 —	De 600 fr. 01 à 900 fr...	80 —	20 —
De 80 fr. 01 à 100 fr...	40 —	60 —	De 900 fr. 01 et au-dessus	90 —	10 —

Tableau B

Servant à déterminer le montant de la subvention qui doit être allouée par l'État aux départements pour leur part dans les frais de l'assistance médicale, eu égard à la valeur du centime départemental par kilomètre carré.

VALEUR DU CENTIME DÉPARTEMENTAL par kilomètre carré.	COEFFICIENT de subvention de l'État.	DÉPENSE à couvrir par le département.	VALEUR DU CENTIME DÉPARTEMENTAL par kilomètre carré.	COEFFICIENT de subvention de l'État.	DÉPENSE à couvrir par le département.
Au-dessous de 2 fr....	70 p. 100	30 p. 100	De 4 fr. 01 à 4 fr. 75....	45 p. 100	55 p. 100
De 2 fr. 01 à 2 fr. 50...	65 —	35 —	De 4 fr. 76 à 6 fr.......	40 —	60 —
De 2 fr. 51 à 3 fr.......	60 —	40 —	De 6 fr. 01 à 9 fr.....	30 —	70 —
De 3 fr. 01 à 3 fr. 50...	55 —	45 —	De 9 fr. 01 à 15 fr.....	20 —	80 —
De 3 fr. 51 à 4 fr.	50 —	50 —	Au-dessus de 15 fr.....	10 —	90 —

ANNEXE N° 12

LOI ET DÉCRET

CONCERNANT LES QUARTIERS DE MALADES MILITAIRES

LOI DU 7 JUILLET 1877

relative à l'organisation des services hospitaliers de l'armée dans les hôpitaux militaires et dans les hospices civils.

ARTICLE PREMIER

Chacun des corps d'armée de l'intérieur aura, dans la région qu'il occupe, et autant que possible au chef-lieu du corps d'armée, un établissement hospitalier militaire destiné à l'instruction spéciale du personnel, à la préparation et à l'entretien du matériel nécessaire au corps d'armée pour le service hospitalier, en cas de mobilisation.

ART. 2

A l'exception des hôpitaux régionaux, des hôpitaux permanents des gouvernements de Paris et de Lyon et des hôpitaux thermaux, tous les autres hôpitaux militaires pourront être successivement supprimés quand, dans les villes où ils existent, les hospices civils appropriés à cet effet seront en état d'assurer en tout temps le service médical militaire. — Toutefois, ces suppressions ne pourront avoir lieu qu'en vertu d'une disposition formelle de la loi de finances de chaque année.

ART. 3

Dans les localités où il n'existera pas d'hôpitaux militaires, et dans celles où ils seront insuffisants, les hospices civils seront tenus de recevoir et de traiter les malades de l'armée qui leur seront envoyés par l'autorité militaire.

ART. 4

Les hospices civils seront, à cet effet, par décret du Président de la République, rendu sur la proposition des ministres de la guerre et de l'intérieur, divisés en deux catégories : 1° les hôpitaux mixtes ou militarisés; 2° les hôpitaux civils proprement dits. — Seront classés dans la première catégorie, les hôpitaux civils où il y aura des salles spécialement réservées aux malades militaires. — Toutes les fois qu'une garnison atteindra le chiffre de trois cents hommes, les malades militaires seront soignés dans des salles spéciales, et soumis, autant que possible, sous le rapport du régime hospitalier, aux règlements en vigueur dans les hôpitaux militaires. — Seront classés dans la seconde catégorie, les hôpitaux des villes où les garnisons n'atteindront pas le chiffre de trois cents hommes; les malades militaires seront soignés dans les salles ordinaires, s'il n'est pas possible d'avoir des salles spéciales, et soumis au régime de l'hôpital civil. — Lorsque l'effectif d'une garnison sera de mille hommes au moins, le traitement des malades sera toujours confié aux médecins militaires; au-dessous de ce chiffre, les malades militaires seront soignés par les médecins militaires toutes les fois que le personnel médical de la garnison le permettra. En cas d'insuffisance, le service des salles militaires sera fait par des médecins civils. — Dans les hôpitaux civils proprement dits, les malades de l'armée seront soignés par des médecins civils. — Quand des malades militaires seront soignés par des médecins civils, le médecin de la garnison aura le droit de les visiter; mais, sous aucun prétexte, il ne pourra s'immiscer dans le traitement ni donner des ordres dans le service.

Art. 5

Les obligations imposées aux hospices civils ne peuvent, dans aucun cas, porter préjudice au service des fondations et de l'assistance publique. — L'État doit à ces établissements une allocation égale aux frais qui leur incombent par suite du traitement des malades militaires.

Art. 6

La dépense des travaux de construction ou d'appropriation reconnus nécessaires pour l'établissement, dans les hospices civils, des services hospitaliers des garnisons, est exclusivement à la charge de l'État. Nul travail ne pourra être exécuté sans l'assentiment de la commission administrative de l'hôpital et du conseil municipal de la ville, et sans l'accord préalable des ministres de la guerre et de l'intérieur. — Toutefois, les traités particuliers conclus avec les communes qui ont pris envers l'État l'engagement d'assurer le traitement des malades militaires dans les hôpitaux civils demeurent exécutoires.

Art. 7

Une convention passée entre le représentant du ministre de la guerre et la commission administrative de l'hôpital déterminera, pour chaque hôpital, suivant la catégorie à laquelle il appartient, le régime spécial à cet établissement, les conditions d'application du règlement militaire et la dette correspondante à l'État. — Le nombre des lits à affecter aux malades militaires dans les hospices civils sera fixé de gré à gré entre les commissions administratives et le ministre de la guerre ou son représentant. — Cette convention ne sera exécutoire qu'après avoir été approuvée par le conseil municipal et ratifiée par les ministres de la guerre et de l'intérieur. — En cas de désaccord entre les deux ministres, la commission administrative de l'hôpital ou le conseil municipal, les conditions et le prix du traitement des militaires seront réglés par un décret rendu en Conseil d'État. — La convention aura une durée de cinq années; elle pourra, exceptionnellement, être revisée dans cet intervalle, à la condition qu'il y ait accord entre toutes les parties. — Les contestations qui pourront s'élever sur l'exécution, soit de la convention, soit du décret rendu à défaut de convention seront portées devant le conseil de préfecture départemental où est situé l'hôpital et en cas d'appel devant le Conseil d'État. — Ces dispositions sont également applicables aux contestations qui pourront surgir entre les commissions administratives des hospices et des communes qui ont pris envers l'État l'engagement d'assurer le traitement des malades militaires dans les hospices civils.

Art. 8

Un règlement d'administration publique pourvoira à l'exécution de la loi sur les bases ci-dessus établies. (Voir décret 1er août 1879.)

Art. 9

Dans les six mois qui suivront la publication du règlement d'administration publique, les commissions administratives des hôpitaux pourront demander, nonobstant les conventions en cours d'exécution, qu'il leur soit fait application des dispositions de la présente loi. — Il sera fait droit à ces demandes dans un délai de même durée et conformément aux prescriptions de l'article 7.

Art. 10

Sont abrogées toutes les dispositions des lois, ordonnances, décrets et règlements contraires à la présente loi.

DÉCRET DU 1er AVRIL 1879

rendu en exécution de la loi du 7 juillet 1877 et notamment de son article 8.

TITRE Ier

DES HOSPICES MIXTES OU MILITAIRES

Article premier

Le nombre des lits affectés aux malades militaires est déterminé d'après l'effectif normal du pied de paix des troupes composant la garnison, dans la ville où est situé l'hospice.

Ce nombre ne peut dépasser, que dans des cas exceptionnels, le vingt-cinquième du dit effectif tel qu'il est fixé par les lois en vigueur.

Art. 2

Les dimensions et l'aménagement des salles militaires assurent la séparation des malades en trois catégories, conformément aux prescriptions du règlement sur le service de santé de l'armée, l'isolement des malades atteints de maladies contagieuses, et la disposition pour chaque lit d'un cube d'air de 40 mètres.

Art. 3

Les officiers sont traités dans des salles spéciales. Il en est de même, à moins d'impossibilité, pour les sous-officiers.

Des chambres particulières sont réservées aux officiers supérieurs.

Les locaux accessoires comprennent un cabinet pour le chef du service médical et un vestiaire pour le dépôt des effets des malades entrants.

L'hospice doit, en outre, mettre une salle à la disposition de l'autorité militaire, lors des réunions périodiques exigées par le service militaire.

Dans les hospices où les salles militaires contiennent cinquante lits ou plus, un local spécial aménagé à cet usage est réservé pour les consignés et les détenus. Ce local contient un nombre de lits égal au trentième des lits affectés au service de l'armée.

ART. 4

Lorsque les locaux existants ne permettent pas l'organisation du service hospitalier militaire dans les conditions ci-dessus prescrites, sans préjudice pour le service des fondations et de l'assistance publique, ou lorsque l'aménagement des bâtiments disponibles est insuffisant, le ministre de la guerre, sur le rapport de l'autorité militaire, fait procéder à l'étude des travaux nécessaires de construction ou d'appropriation.

A cet effet, une commission composée: d'un sous-intendant militaire, président, désigné par l'intendant militaire du corps d'armée; du commandant du génie de l'arrondissement; d'un officier de la garnison, et d'un officier de santé militaire désignés par l'autorité militaire; du maire de la ville; d'un membre de la commission administrative de l'hospice, délégué par cette commission, et de l'architecte de l'hospice, constate l'état des bâtiments, détermine la nature et l'importance des travaux à entreprendre, et en évalue approximativement la dépense.

Cette commission est constituée à la diligence de l'intendant militaire du corps d'armée. Elle tient procès-verbal de ses délibérations.

ART. 5

L'intendant militaire du corps d'armée transmet au ministre de la guerre, par la voie hiérarchique, le procès-verbal de la commission, en y joignant un projet détaillé, dressé par le commandant du génie.

Copie de ces documents est adressée par l'intendant militaire au préfet, qui appelle la commission administrative de l'hospice et le conseil municipal à délibérer sur le projet et transmet le dossier de l'affaire au ministre de l'intérieur.

Il est statué conformément aux dispositions de l'article 6 de la loi du 7 juillet 1877.

ART. 6

Si, au cours de la convention quinquennale passée en exécution de l'article 7 de la loi du 7 juillet 1877, l'installation matérielle des salles militaires est jugée insuffisante par le ministre de la guerre, il est procédé dans les formes prescrites par les articles 4 et 5 du présent règlement.

ART. 7

Les travaux faits au compte de l'État sont exécutés, soit par le service du génie militaire, soit sous sa surveillance.

ART. 8

Les grosses réparations et l'entretien des bâtiments affectés au service hospitalier militaire sont à la charge de l'État lorsque les bâtiments ont été construits par lui.

ART. 9

A l'exception des instruments de chirurgie dont l'acquisition, l'entretien et le renouvellement sont à la charge de l'État, le matériel nécessaire au traitement des malades militaires est fourni et entretenu par l'hospice.

ART. 10

Les malades militaires sont admis sur le vu d'un billet d'entrée, et dans les conditions fixées par le règlement sur le service de santé de l'armée.

ART. 11

Le ministre de la guerre peut, selon qu'il le juge nécessaire, faire effectuer le service des salles militaires par des infirmiers de l'armée dont il fixe le nombre, ou par des servants civils qui sont fournis par l'hospice.

Dans le cas où il y a lieu de substituer, soit des infirmiers de l'armée aux servants civils, soit des servants civils aux infirmiers de l'armée, il en est donné avis par le ministre de la guerre, deux mois d'avance, à la commission administrative.

ART. 12

S'il se produit dans les salles militaires des cas qui fassent craindre une épidémie, le chef du service médical en donne immédiatement avis à la commission administrative.

A la fin de chaque année, il remet à cette commission les renseignements médicaux nécessaires à l'établissement du compte moral de l'hospice.

ART. 13

L'autorité militaire chargée de l'administration des hôpitaux exerce dans les salles militaires les attributions qui lui appartiennent dans les hôpitaux militaires. Elle a, en outre, le droit de surveiller la partie des services généraux commune aux malades civils et aux malades militaires.

ART. 14

La commission administrative conserve la direction des services généraux de l'hospice, ainsi que le choix des sœurs ou servants civils attachés aux salles militaires.

Elle a, dans les salles militaires, les droits et les attributions qui sont dévolus, dans les hôpitaux militaires, aux officiers d'administration comptables.

ART. 15

Lorsque les médecins civils sont appelés, en raison de l'insuffisance du nombre des médecins de l'armée, à soigner une partie des malades militaires, les services sont divisés sans que le traitement d'une même salle puisse être partagé entre les médecins civils et les médecins militaires.

ART. 16

Dans les villes où il existe une faculté ou une école de médecine, les élèves en médecine admis au stage militaire peuvent, sous l'autorité des officiers de santé de l'armée, accomplir ce stage dans les salles militaires.

ART. 17

La commission administrative fait établir pour le service des salles militaires les écritures prescrites par le règlement sur le service de santé de l'armée.

Les registres et imprimés nécessaires sont fournis gratuitement à l'hospice par le ministre de la guerre.

ART. 18

Le commandement, les inspecteurs de l'armée et les inspecteurs civils exercent, dans les limites de leurs missions respectives, leur action de surveillance et de contrôle sur les services qui concernent les salles militaires.

ART. 19

Le prix de la journée payé par l'État à l'hospice, comme indemnité des frais résultant du traitement des militaires, comprend les dépenses ci-après :

1° Nourriture des malades;

2° Indemnité locale comprenant les grosses réparations et l'entretien des bâtiments affectés au service militaire, lorsque ces bâtiments n'ont pas été construits aux frais de l'État;

3° Entretien et amortissement du matériel, le dit matériel comprenant les objets indiqués au tableau ci-après :

Matériel par lit :

1 lit de fer,	1 traversin,	1 capote d'infirmerie,
1 paillasse,	2 couvertures,	1 pantalon,
1 matelas,	1 table de nuit,	1 paire de pantoufles

et 1 oreiller par 10 lits;

4° Linge, blanchissage et médicaments pour les malades, service de propreté, éclairage et chauffage des salles militaires, part afférente au service de ces salles dans les frais généraux de l'hospice;

5° Nourriture et blanchissage du personnel de service, gages de ce personnel lorsqu'il est fourni par l'hospice.

Il n'est dû qu'une journée de servant civil pour six journées de malades.

ART. 20

Les dépenses auxquelles donne lieu le décès d'un militaire à l'hospice comprennent le service religieux, le cercueil, le suaire, les frais d'enterrement et l'apposition d'une croix.

Ces dépenses sont remboursées par l'État suivant un tarif fixé par la convention.

Tous frais excédant le tarif et demandés par la famille sont réglés directement par elle.

ART. 21

Si, au cours de la convention, le ministre de la guerre jugeait nécessaire, dans l'intérêt de l'armée, d'apporter des améliorations dans le service des malades militaires, il ne pourrait en réclamer l'application dans les hospices que moyennant la revision de la convention et des allocations dues par l'État.

ART. 22

Les appareils prothétiques tels que jambes de bois, bandages, etc., sont fournis par l'hospice. Le prix en est remboursé par l'État, conformément aux factures.

TITRE II

DES HOSPICES CIVILS PROPREMENT DITS

Art. 23

Les malades militaires sont traités à tous égards comme les malades civils, et soumis au régime général de l'établissement.

Toutefois, les malades militaires ne sont placés dans les salles civiles que s'il est impossible de leur affecter une salle spéciale.

Art. 24

Les militaires ne peuvent, sous aucun prétexte, être conservés dans l'hospice lorsque leur traitement est terminé.

L'autorité militaire exerce, à cet égard, la surveillance définie par le règlement sur le service de santé de l'armée.

Art. 25

L'allocation due par l'État est fixée par journée de maladie, et déterminée de gré à gré par la convention passée entre le représentant du ministère de la guerre et la commission administrative.

Art. 26

Les dispositions contenues dans les articles 3 § 1er, 10 § 1er, 13, 17, 18, 20 et 22 sont applicables aux hospices civils proprement dits.

Art. 27

Les ministres de la guerre et de l'intérieur sont chargés, chacun en ce qui le concerne, de l'exécution du présent décret.

TABLE ANALYTIQUE DES MATIÈRES

Pages

CHAPITRE III

CHAPITRE IV

CHAPITRE V

CHAPITRE VI

CHAPITRE VII

CHAPITRE VIII

CHAPITRE IX

CHAPITRE X

CHAPITRE XI

ANNEXES

Pages

MELUN. IMPRIMERIE ADMINISTRATIVE — M 678 P

www.ingramcontent.com/pod-product-compliance
Ingram Content Group UK Ltd.
Pitfield, Milton Keynes, MK11 3LW, UK
UKHW022106260726
13993UKWH00001B/347

9 782019 923846